U0635149

发展铁路
多式联运研究

Research on the
Development of Rail Intermodal

于娟 著

天津出版传媒集团

天津人民出版社

图书在版编目（CIP）数据

发展铁路多式联运研究 / 于娟著. -- 天津 : 天津
人民出版社, 2022.10
ISBN 978-7-201-18954-3

Ⅰ.①发… Ⅱ.①于… Ⅲ.①多式联运－铁路运输发
展－研究－中国 Ⅳ.①F532.4

中国版本图书馆CIP数据核字(2022)第201158号

发展铁路多式联运研究
FAZHAN TIELU DUOSHI LIANYUN YANJIU

出　　版	天津人民出版社
出 版 人	刘　庆
地　　址	天津市和平区西康路35号康岳大厦
邮政编码	300051
邮购电话	（022）23332469
电子信箱	reader@tjrmcbs.com

责任编辑	佟　鑫
封面设计	汤　磊

印　　刷	天津新华印务有限公司
经　　销	新华书店
开　　本	880毫米×1230毫米　1/32
印　　张	6
字　　数	145千字
版次印次	2022年10月第1版　2022年10月第1次印刷
定　　价	48.00元

前言

  铁路多式联运是指以铁路为骨干运输方式,通过铁路与公路、水运等其他运输方式衔接协作,将货物从起始地运到目的地的全程运输服务。铁路运输具有运力大、成本低、能耗低、污染小等优势。优化交通运输结构,大力发展以铁路为骨干的多式联运,不仅是推动交通绿色低碳转型的重要内容,也是助力现代流通体系建设的重要举措,对支撑构建以国内大循环为主体、国内国际双循环的新发展格局,推动碳达峰碳中和目标实现具有重要作用。

  自2013年11月中央明确提出发展多式联运后,多式联运被提升到国家战略层面的新高度,之后相关部门大力推进多式联运示范工程建设,优化基础设施网络布局,完善多式联运标准规则,加强多式联运信息共享,深化铁路货运改革,优化交通运输结构,大力清理货运收费,多措并举积极推进多式联运发展。近十年来,我国铁路多式联运发展取得积极成效,铁路货运市场份额实现恢复性增长,不同运输方式之间合作衔接逐步加强,铁路集装箱多式联运以及港口铁水联运量不断增长,中欧班列、西部陆海新通道班列开行数量快速增加。但是由于基数小,2020年全国铁路集装箱运量约4.6亿吨,仅占全国铁路货运量的10%,与"十三五"规划提出20%的目标相差甚远;中欧班列开行远超预期,2020年开行1.24万列,是规模目标的两倍多;全国主要港口集装箱铁水联运"十三五"年均增长25.7%,尽管远超规划预期,但2021年仅达到754万标箱,占港口集装箱吞吐量的2.7%,低于发达国家20%~40%的比例。总体看,我国铁路多式联运发展仍然较为落后,根源在于制约铁路多式联运发展的体制机制障碍尚未破除,铁路多式联运基础设施存在短板,铁路货运市场化改革不到位,铁路多式联运市场主体缺失,铁路多式联运协同机制不完善,亟需通过深化改革破除体制机制障碍,为发展铁路多式联运提供制度基础。

2022年1月,国务院办公厅印发《推进多式联运发展优化调整运输结构工作方案(2021—2025年)》提出:"到2025年,多式联运发展水平明显提升,基本形成大宗货物及集装箱中长距离运输以铁路和水路为主的发展格局,全国铁路和水路货运量比2020年分别增长10%和12%左右,集装箱铁水联运量年均增长15%以上",对"十四五"我国多式联运发展提出了明确目标。

本书围绕助力碳达峰碳中和目标实现、推进现代流通体系建设、支撑构建新发展格局、促进铁路行业高质量发展,阐明了新形势下发展铁路多式联运的重大意义,全面分析我国铁路多式联运发展历程和现状,系统梳理我国促进多式联运发展的政策措施,并对措施效果进行系统评估,深入剖析铁路多式联运发展存在的问题及体制根源,在此基础上借鉴美国、德国、日本等国家铁路多式联运发展经验,针对我国多式联运发展实际研究提出推进我国铁路多式联运发展的政策建议。"十四五"时期,亟需破除制约铁路多式联运发展的体制机制障碍,加快推进物流基础设施建设,完善多式联运标准制度规则,深化铁路货运改革,建立多式联运协同机制,通过体制改革和市场建设双管齐下,打通堵点、补齐短板、畅通循环,基本形成大宗货物及集装箱中长距离运输以铁路和水路为主的发展格局,更好地服务现代流通体系建设,为碳达峰碳中和目标的实现作出积极贡献。

目 录

第一章　新形势下发展铁路多式联运的重大意义

　　20世纪80年代的《联合国国际货物多式联运公约》中将"国际货物多式联运"（International Multimodal Transport）定义为"使用一份运输合同，以至少两种不同的运输方式，由多式联运商将货物从某国接管货物的某地点运送至另一国指定地点交付的货物运输"。北美多式联运协会将多式联运定义为"采用集装箱或挂车方式，至少使用两种不同的运输方式开展的货物运输"。《交通运输部等十八个部门关于进一步鼓励开展多式联运工作的通知》（交运发〔2016〕232号）将多式联运定义为"依托两种及以上运输方式有效衔接，提供全程一体化组织的货物运输服务"。本书研究的铁路多式联运是指以铁路为骨干运输方式，通过铁路与公路、水运等其他运输方式衔接协作，将货物从起始地运到目的地的全程运输服务。大力发展铁路多式联运具有以下重大意义：

一、推动交通运输绿色转型，推进碳达峰碳中和

　　2020年9月，习近平主席在第七十五届联合国大会上提

出："中国将提高国家自主贡献力度,采取更加有力的政策和措施,二氧化碳排放力争于2030年前达到峰值,努力争取2060年前实现碳中和。"实现碳达峰碳中和中长期目标,既是我国积极应对气候变化、推动构建人类命运共同体的责任担当,也是我国保障国家能源安全、构建绿色低碳社会、推动经济高质量发展的必然要求。

我国是能源消费大国,一次能源消费总量从2000年的43艾焦耳增长到2021年的164艾焦耳,年均增长6.1%,同期全世界一次能源消费总量从397艾焦耳增长到595艾焦耳,年均增长1.9%,其中2021年全世界一次能源消费总量比2020年增长5.8%(见图1-1)。2021年,世界主要国家和地区一次能源消费所占比例如图1-2所示,其中我国能源消费总量世界排名第一,占全球一次能源消费总量的比重为27.5%。其次是美国,占15.6%。

单位:艾焦耳

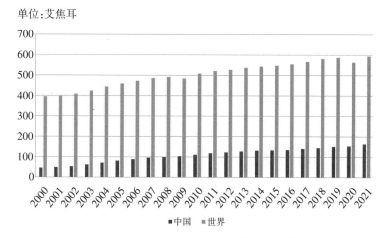

图1-1　2000—2021年我国一次能源消费情况

资料来源:BP, Statistical Review of World Energy 2022。

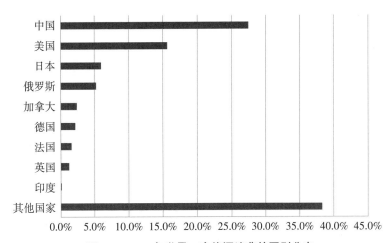

图1-2　2021年世界一次能源消费的国别分布

资料来源：BP，Statistical Review of World Energy 2022。

我国是碳排放大国，能源消费产生的碳排放总量从2000年的36亿吨二氧化碳当量增长到2021年的109亿吨二氧化碳当量，年均增长5.4%，同期全世界能源消费产生的碳排放总量从236亿吨二氧化碳当量增长到339亿吨二氧化碳当量，年均增长1.7%，其中2021年全世界能源消费产生的碳排放总量比2020年增长5.9%（见图1-3）。2021年，世界主要国家和地区能源消费产生的碳排放量所占比重如图1-4所示，其中我国碳排放总量世界排名第一，占全球能源消费产生的碳排放总量的比重为32.1%。其次是美国，占13.9%。

在我国，交通运输是仅次于工业的能耗和排放大户。交通运输能耗从2000年的3.7艾焦耳增长到2019年的13.7艾焦耳，年均增长7.2%（见图1-5）；交通运输能耗占终端能源消费总量的比重从2000年的11.1%增长到2019年的15.5%（见图1-6）。交通运输碳排放量从2000年的2.6亿吨二氧化碳当

单位:亿吨二氧化碳当量

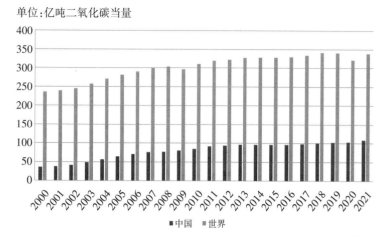

图 1-3 2000—2021 年我国能源消费产生的碳排放量情况

资料来源:BP,Statistical Review of World Energy 2022。

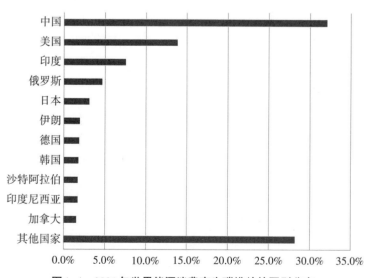

图 1-4 2021 年世界能源消费产生碳排放的国别分布

资料来源:BP,Statistical Review of World Energy 2022。

单位:艾焦耳

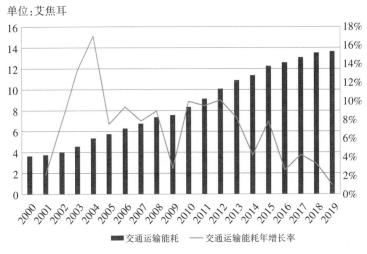

图 1-5 2000—2019 年我国交通运输能耗情况

资料来源:IEA,World Energy Balances 2021。

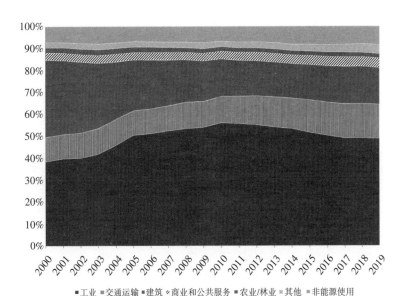

■工业 ▨交通运输 建筑 ▨商业和公共服务 ■农业/林业 ▨其他 ■非能源使用

图 1-6 2000—2019 年我国各领域终端能源消费的分布结构

资料来源:IEA,World Energy Balances 2021。

单位:亿吨二氧化碳当量

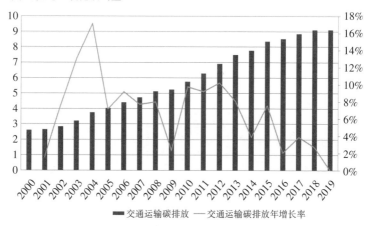

图1-7　2000—2019年我国交通运输碳排放情况

资料来源:IEA,World Energy Balances 2021。

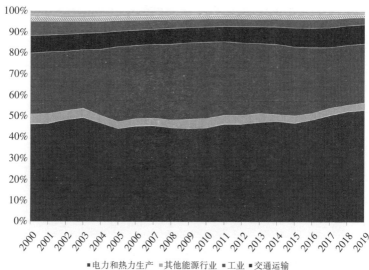

图1-8　2000—2019年我国终端能源消费二氧化碳排放的领域分布

资料来源:IEA,World Energy Balances 2021。

量增长到2019年的9.1亿吨二氧化碳当量,年均增长6.8%(见图1-7);交通运输碳排放量占碳排放总量的比重从2000年的8.3%增长到2019年的9.2%(见图1-8)。

各交通运输方式领域碳排放占比如图1-9所示。公路运输(含社会车辆、营运车辆)碳排放量占交通领域碳排放总量的86.8%,水路运输碳排放量占比6.47%,民航运输碳排放量占比为6.09%,铁路运输碳排放量占比为0.68%。其中,公路运输中重型货车的碳排放量最大,占公路运输碳排放总量的54%,乘用车碳排放量占公路运输碳排放总量的33.7%,其他类型车辆碳排放量占比均不超过6%。

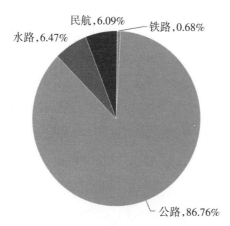

图1-9　2019年我国交通运输领域二氧化碳排放量占比情况

数据来源:陆化普,冯海霞.交通领域实现碳中和的五大关键问题[EB/OL].[2022-04-07]. http://finance.sina.com.cn/esg/ep/2022-04-07/doc-imcwipii2819937.shtml.

优化交通运输结构,大力推进公转铁、公转水是推动交通运输绿色低碳转型的重要内容,对于实现碳达峰碳中和目标至关重要。《中共中央国务院关于完整准确全面贯彻新发展理念做好碳达峰碳中和工作的实施意见》中明确"加快形成绿色低碳交通运输方式",提出要"优化交通运输结构","做大做强多式联运,促进大宗货物和中长距离货物运输'公转铁''公转水',提高大宗货物长距离铁路、水路承运比重"。2021年10月,《国务院关于印发2030年前碳达峰行动方案的通知》(国发〔2021〕23号)明确"构建绿色高效交通运输体系","大力发展以铁路、水路为骨干的多式联运,推进工矿企业、港口、物流园区等铁路专用线建设,加快内河高等级航道建设,加快大宗货物和中长距离货物运输'公转铁''公转水'"。

我国铁路货运目前主要以煤炭、焦炭、矿石、粮食等大宗货物运输为主,其中煤炭运量占铁路货运量的比重一直保持在50%以上。近年来,随着铁路大力发展集装箱运输,推进"公转铁"和"散改集",铁路集装箱运量有所提高,2020年铁路集装箱运量占其货运量的10%,但是与发达国家30%~40%的水平有很大差距。虽然这与各国的国情、地理位置、发展阶段都有关系,但总体看,在全球气候变暖的大背景下,"公转铁""散改集"是大趋势。大力发展铁路多式联运,提高铁路集装箱运量占比,对于促进"公转铁",推动交通运输行业节能减排,从而推进碳达峰碳中和目标实现具有十分重要的意义。

二、降低社会物流成本,助力现代流通体系建设

建设现代流通体系是新发展阶段下构建内循环为主体、国内国际双循环相互促进的新发展格局的一项重要战略任

务。加快构建经济高效、绿色智能、安全稳定的现代物流体系是建设现代流通体系的重要内容。优化交通运输结构,大力发展以铁路为骨干的多式联运,促进不同运输方式之间合理有效衔接,对于推进建设现代流通体系,构建新发展格局具有重要意义。《"十四五"现代流通体系建设规划》在"增强交通运输流通承载能力"章节中明确提出"大力发展多式联运","深入推进集装箱多式联运,积极推广多种形式甩挂运输,优化业务和操作流程,提高联运组织效率"。

如果单就某种运输方式而言,我国货物运输的吨公里成本和运价率并不高,但物流总成本在国际上一直处在较高水平。近年来,我国社会物流费用与所占GDP的比率呈下降趋势,已由2012年的18%下降到2021年的14.6%(见图1-10),物流业降本增效取得较为明显的成效,但是仍较美国、欧洲、日本等发达国家高出6~7个百分点。

单位:万亿元

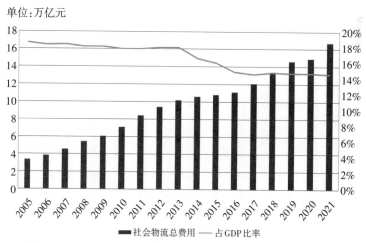

图1-10 2005—2021年全社会物流费用总额与所占GDP的比率

数据来源:国家发展改革委,中国物流与采购联合会,相关年份《全国物流运行情况通报》。

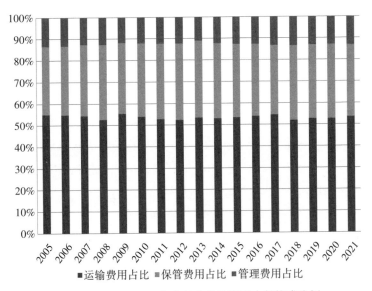

图1-11　2005—2021年全社会物流费用内部构成比例

数据来源：国家发展改革委,中国物流与采购联合会,相关年份《全国物流运行情况通报》。

单位:万吨/亿元

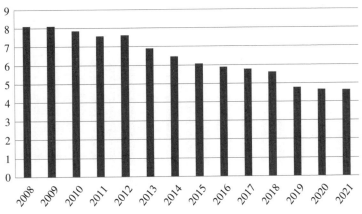

图1-12　2008—2021年每亿元GDP货运量

数据来源:国家统计局。

从社会物流费用内部构成看,2005—2021年期间,运输、保管、管理各项物流费用所占比重经过多次升降起伏,内部构成比例变化不太大,其中运输费用占比从2005年的55.0%下降到2021年的53.9%,保管费用占比则从2005年的31.4%上升到2021年的33.5%,管理费用占比从2005年的13.5%下降到2021年的13.2%(见图1-11)。

2021年每亿元GDP货运量约4.6万吨(见图1-12),平均运距约397公里,运输强度大,物流成本占GDP的14.6%,其中运输成本9万亿元占物流成本的53.9%。铁路货物运价率仅为公路的1/3左右,如果"公转铁"使铁路货运周转量占比提高1个百分点,可降低运价成本约400亿元。集装箱是铁路货运的重要增长极,是构建现代流通体系的必然要求,随着货运需求朝着高附加值、小批量逐步转变,大力发展铁路多式联运,促进"公转铁""散改集",提升铁路集装箱运量,从而提高铁路货运市场份额,将有利于降低社会物流成本,助力现代流通体系建设。

三、服务国家重大战略,支撑构建新发展格局

交通基础设施是中国特色社会主义的重要物质基础,是现代化经济体系建设的重要引擎,交通运输在构建以国内大循环为主体、国内国际双循环相互促进的新发展格局中起到重要的支撑保障作用。推进西部陆海新通道高质量发展,补齐西部地区交通基础设施短板,推动中欧班列、中亚班列发展,打造欧亚国际运输走廊,深化与共建"一带一路"国家的交

通合作,不仅是建设西部陆海新通道、"一带一路"的重要任务,也是促进我国对外贸易、构建国内国际双循环新格局的重要支撑。

中欧班列是指按照固定车次、线路等条件开行,往来于中国与欧洲及"一带一路"沿线各国的集装箱国际铁路联运班列。近年来,随着西部大开发战略的深入推进,西部地区承接国内外产业转移的速度明显加快,西部地区外向型经济的发展为沿丝绸之路欧亚大陆桥通道开行国际集装箱班列提出了要求。2011年3月,首趟中欧班列从重庆发出开往德国杜伊斯堡,开启了中欧班列创新发展的序章。2013年9月,我国提出了共建"丝绸之路经济带",原铁路总公司积极协调沿线国家铁路以及有关部门和地方政府促进中欧班列快速发展。我国共铺划了西中东三条通道中欧班列运行线:西部通道由我国中西部经阿拉山口(霍尔果斯)出境,中部通道由我国华北地区经二连浩特出境,东部通道由我国东南部沿海地区经满洲里(绥芬河)出境。中欧班列自开行以来,大力承接海运、空运转移货物,辐射范围不断扩大,服务能力稳步提升,成为推动丝绸之路经济带互联互通的重要载体。

西部陆海新通道位于我国西部地区腹地,北接丝绸之路经济带,南连21世纪海上丝绸之路,协同衔接长江经济带,在区域协调发展格局中具有重要战略地位。西部陆海新通道的建设不仅促进了中国西部地区之间的经济循环,而且为西部地区扩大对东盟等沿线国家合作、参与国际经济大循环提供了重要助力。当前,重庆等西部省市区还在推动西部陆海新通道与中欧班列、长江黄金水道等国际物流大通道无缝对接,加速西部地区与中东部地区经济联系、拓展对外开放空间，实现西部陆海新通道对"一带"与"一路"的有机连通，为构建"双循环"新格局发挥了重要的作用。

近几年，中欧班列开行数量不断增加，战略通道作用更加凸显，2021年中欧班列全年开行1.5万列，发送146万标箱；西部陆海新通道班列不论是开行频次还是运行线路都不断增加，2021年开行铁海联运班列6117列，集装箱运量达30万标箱，对促进我国对外贸易、增强西部地区发展动力都起到十分重要的作用。加快以铁路为骨干的铁水集装箱联运、铁路集装箱国际联运以及集装箱公铁联运对于促进中欧班列及西部陆海新通道发展具有重要作用。

四、提高铁路货运市场竞争力，促进铁路行业高质量发展

近年来，高铁的开通极大地释放了既有普铁线路货运能力，且普铁网建设也在快速推进，货运能力得到极大提升。在全社会货运量持续稳步增长的大环境下，铁路货运所占市场份额却连续下降，说明铁路货运存在较严重的供给侧结构性矛盾，在与公路货运等替代性竞争中不占优势，铁路运输特别是铁路货运缺乏市场竞争力。2017年，国家出台"公转铁"政策，引导煤炭、矿石等大宗物资由公路向铁路转移，加上铁路推进货运增量改革，近几年铁路货运量呈现低位反弹，但是在全社会货运量和货运周转量中的占比仍然不高，没有最大程度发挥铁路在大宗货物、中长距离运输中的优势。

单位：亿元

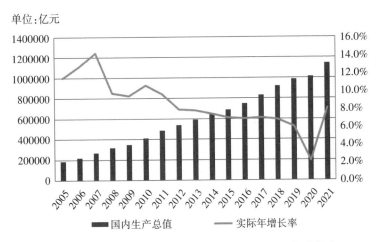

图 1-13　2005—2021 年我国国内生产总值及实际年增长率

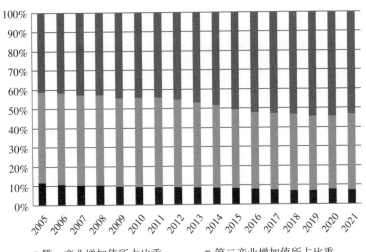

图 1-14　2005—2021 年我国三次产业增加值所占比重

随着我国经济由高速增长步入高质量发展阶段,我国产业结构逐步由"二一三"向"三二一"转变(见图1-13、图1-14),且随着碳达峰碳中和目标的提出,能源供给结构、消费结构将发生重大调整,经济发展对煤炭、矿石等能源资源、原材料的需求将逐步下降,货物运输总量和结构将发生重大变化。与此同时,铁路货运也面临新形势和新需求:一方面,煤炭等大宗货物运输需求增速将逐步放缓;另一方面,小批量、多频次、高附加值货物运输需求不断增加,客户对运输时效性、安全性、经济性、便捷性等提出了更高的要求。这对传统以大宗散货为主要服务对象的铁路运输提出了挑战,要求铁路企业快速适应货运市场新形势新需求,深化铁路货运改革,与公路、海运等不同运输方式加强合作衔接,大力发展以铁路为骨干的多式联运,提高铁路货运市场竞争力,增加铁路货运市场份额,促进铁路行业高质量发展。

第二章　我国铁路货运市场总体情况

改革开放以来,我国交通运输业持续快速发展,交通基础设施承载能力持续增强,全社会货运量、货运周转量快速增加。铁路作为综合交通运输体系的骨干,是大宗货物中长途运输的主力军,在支撑国民经济发展中起到十分重要的作用。铁路网规模急剧扩张和设施装备水平快速提升,铁路货运能力大幅度增加,但是近年来运量与运输能力的增长严重不匹配,运量增速不仅远低于运输能力增速,甚至低于全社会货运增速。2021年,铁路货运量、货运周转量仅占全社会(不含远洋)的9.2%和20.3%。

一、我国货运市场发展情况

(一)交通基础设施承载能力

截至2021年底,公路网里程528.07万公里,其中高速公路16.91万公里;铁路营业里程15万公里,其中高速铁路里程4万公里;内河航道里程12.76万公里;输油(气)管道里程15万公里;民用运输机场248个。

表2-1　我国交通基础设施情况

年份	公路 （万公里）	铁路 （万公里）	内河航道 （万公里）	油气管道 （万公里）	民航航线 （万公里）	民用运输机场 （个）
2000	167.98	6.87	11.93	2.47	150.29	139
2005	334.52	7.54	12.33	4.10	199.85	142
2010	400.82	9.12	12.42	7.85	276.51	175
2011	410.64	9.32	12.46	8.33	349.06	178
2012	423.75	9.76	12.50	9.16	328.01	180
2013	435.62	10.31	12.59	9.85	410.60	190
2014	446.39	11.18	12.63	10.57	463.72	200
2015	457.73	12.10	12.70	10.87	531.72	206
2016	469.63	12.40	12.71	11.34	634.81	216
2017	477.35	12.70	12.70	11.93	748.3	228
2018	484.65	13.10	12.71	12.23	837.98	233
2019	501.25	13.99	12.73	12.66	948.22	238
2020	519.81	14.63	12.77	13.41	942.63	241
2021	528.07	15	12.76	15	1049.63	248

　　数据来源：国家统计局网站，相关年份《全国机场生产统计公报》、相关年份《民航行业发展统计公报》、相关年份《交通运输行业发展统计公报》。

　　注：不含香港、澳门和台湾（除特别说明外，下同）。2005年起公路含村道，铁路不含城市轨道交通。

尽管我国交通网总里程位居世界前列,但网络密度仍相对较低。2021年底,我国每万人拥有公路37.4公里,铁路1.1公里,民用运输机场0.0018个;每万平方公里拥有公路5500.7公里,铁路156.3公里,民用运输机场0.26个。从发展角度看,我国交通网正处于快速增长时期,按照《国家综合立体交通网规划纲要》,到2035年,国家综合立体交通网实体线网总规模合计70万公里左右(不含国际陆路通道境外段、空中及海上航路、邮路里程),其中铁路20万公里左右,公路46万公里左右,民用运输机场400个左右。

(二)全社会货运量及结构

由于2013年、2019年改变统计口径,2008—2012年,全社会货运量(含远洋)由258.6亿吨增加到410亿吨,年均增长12.2%;2013—2018年,全社会货运量(含远洋)由409.9亿吨增加到515.3亿吨,年均增长4.7%;2019年,全社会货运量(含远洋)471.4亿吨;2021年达到529.9亿吨,年均增长6.0%(见图2-1)。

2008年以来,除铁路外,各种运输方式货运量均保持较快增长。其中,2008—2012年,公路货运量由191.7亿吨增加到318.8亿吨,年均增长13.6%;2013—2018年,公路货运量由307.7亿吨增加到395.7亿吨,年均增长5.2%;2019—2021年,公路货运量由343.5亿吨增加到391.4亿吨,年均增长6.7%。2008—2012年,水运货运量(不含远洋)由25.2亿吨增加到39.3亿吨,年均增长11.7%;2013—2021年,水运货运量(不含远洋)由48.9亿吨增加到73.1亿吨,年均增长5.2%;2008—2021年,民航货运量由0.041亿吨增加到0.073亿吨,年均增长

单位:亿吨

图2-1　2008—2021年我国货运量(含远洋)

数据来源:国家统计局网站。

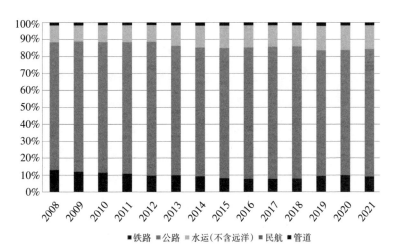

■铁路 ■公路 ■水运(不含远洋) ■民航 ■管道

图2-2　2008—2021年我国货运量结构变化

数据来源:国家统计局网站。

注:由于2020年开始,远洋货运量数据包含了沿海货运量数据,为了同口径可比,根据往年沿海、远洋货运量所占比重及增长情况估算出2020年和2021年水运(不含远洋)货运量数据。

4.6%；管道货运量由4.4亿吨增加到8.25亿吨，年均增长5.0%。2008—2012年间，铁路货运量由33亿吨增加39亿吨，之后到2016年逐年降低，其中2015年比上年降低11.9%，2017年开始出现恢复性增长。2021年，铁路、公路、水运（不含远洋）、民航和管道的货运量分别为47.7亿吨、391.4亿吨、73.1亿吨、0.0732亿吨和8.3亿吨。

按同口径计算，2008—2018年我国货运量结构变化主要体现在公路增加和铁路下降，水运先增加后下降，民航、管道所占比例的变化不大。2021年，铁路、公路、水运（不含远洋）、民航和管道货运量占全社会货运量的比重分别为9.17%、75.19%、14.04%、0.01%和1.59%（见图2-2）。

（三）全社会货运周转量及结构

由于2008年、2013年改变统计口径，2008—2012年，全社会货运周转量（含远洋）由11万亿吨公里增加到17.4万亿吨公里，年均增长12.0%；2013—2018年，全社会货运周转量（含远洋）由16.8万亿吨公里增加到20.5万亿吨公里，年均增长4.0%；2019—2021年，全社会货运周转量（含远洋）19.9万亿吨公里增加到22.4万亿吨公里，年均增长5.9%（见图2-3）。

从运输方式看，2008年以来，各种运输方式除个别年份外货运周转量保持较快增长。其中，公路货运周转量由2008年的3.3万亿吨公里增加到2012年的6万亿吨公里，2013年统计口径有所变化，2014年开始又逐年增加到2018年的7.1万亿吨公里。水运货运周转量（不含远洋）由2008年的1.7万亿吨公里增加到2012年的2.8万亿吨公里，年均增加12.9%；由2013

单位:万亿吨公里

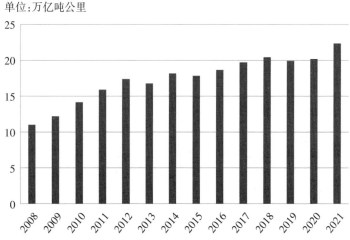

图2-3　2008—2021年我国全社会货运周转量(含远洋)

数据来源:国家统计局网站。

年的3.1万亿吨公里增加到2021年的5.6万亿吨公里,年均增长7.8%。民航货运周转量由2008年的119.6亿吨公里增加到2021年的278.2亿吨公里,年均增长6.7%;管道货运周转量由2008年的0.19万亿吨公里增加到2021年的0.54万亿吨公里,年均增长8.2%。2008—2013年间,铁路货运周转量由2.5万亿吨公里增加到2.9万亿吨公里,之后逐年降低至2016年的2.4万亿吨公里,其中2015年比上年降低13.7%,2017年开始出现恢复性增长,2017年和2018年分别比上年增长13.3%和6.9%;2019—2021年铁路货运周转量由3万亿吨公里增加到3.3万亿吨公里,年均增长4.9%。2021年,铁路、公路、水运(不含远洋)、民航和管道的货运周转量分别为3.3万亿吨公里、6.9万亿吨公里、5.6万亿吨公里、0.028万亿吨公里和0.54万亿吨公里。

按同口径计算,2008—2018年,我国货运周转量结构变化主要体现在公路、管道增加,铁路先下降后增加,水运先增加后下降,民航所占比例的变化不大。2021年,铁路、公路、水运(不含远洋)、民航和管道货运周转量占全社会货运周转量的比重分别为20.3%、42.1%、34.1%、0.2%和3.3%(见图2-4)。

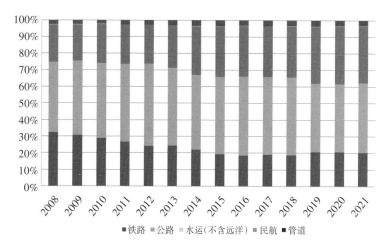

图2-4 2008—2021年我国不同运输方式货运周转量结构
数据来源:国家统计局网站。
注:由于2020年开始,远洋货运周转量数据包含了沿海货运量数据,为了同口径可比,根据往年沿海、远洋货运周转量所占比重及增长情况估算出2020年和2021年水运(不含远洋)货运周转量数据。

二、我国铁路货运市场情况

(一)铁路设施设备网络

随着铁路网规模急剧扩张和设施装备水平快速提升,铁路货运能力大幅度增加。一是铁路网营业里程从2005年的7.5万公里增加到2021年的15万公里,正好翻了一番,年均增长4.4%(见图2-5);高铁2008年第一条线路(京津城际)投运至今,迅速成网并跃居世界第一,2021年底达5万公里(见图2-6),"四纵四横"主通道全部贯通,"八纵八横"高铁网加密成型;电气化率、复线率分别达到73.3%和59.5%(见图2-7),

单位:万公里

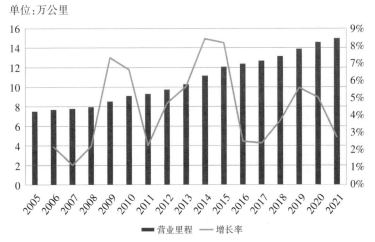

图2-5 2005—2021年我国铁路营业里程及增长率

数据来源:国家铁路局,各年铁道统计公报。

单位:公里

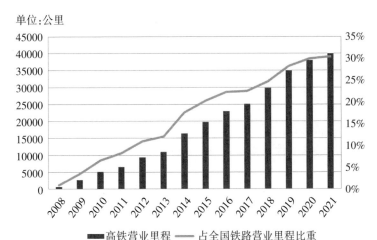

图2-6 2008—2021年我国高速铁路营业里程及增长率

数据来源:国家铁路局,各年铁道统计公报。

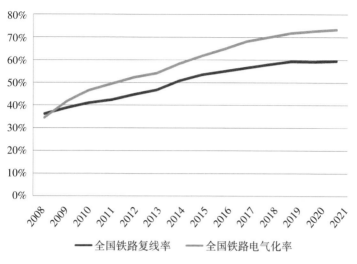

图 2-7　全国铁路复线率和电气化率

数据来源:相关统计资料。

居世界前茅;重型钢轨、无缝线路大幅度延长,路网质量达到世界先进水平。

(二)铁路货运市场份额

从铁路货运市场表现看,运量与运力的增长严重不匹配,运量增速不仅远低于运输能力增速,甚至低于全社会货运增速。2014—2019 年,铁路货运量年均增长 1.7%,全社会货运量年均增长 4.9%,两者相差 3.2 个百分点。从变化过程看,2014—2016 年在全社会货运增长的背景下,铁路货运出现了负增长(见图 2-8),尽管与煤炭、矿石运输需求减弱等外部因素有关,但主要原因还在于铁路货运经营管理体制机制不灵活,难以应对市场变化。2017 年,借助"公转铁"等政策实施,铁路部门以"六线六区域"为重点深入实施货运增量行动,加

单位:亿吨

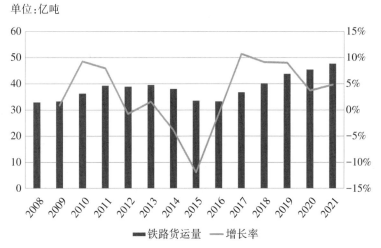

图2-8 2008—2021年铁路货运量增长情况

资料来源:根据中国统计年鉴及相关行业统计整理。

单位:亿吨

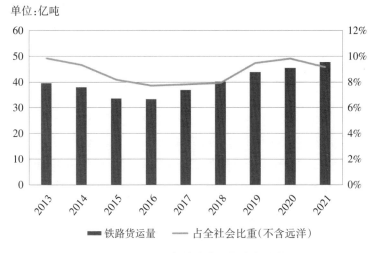

图2-9 2013—2021年铁路货运量占全社会比重

资料来源:根据中国统计年鉴及相关行业统计整理。

单位:万亿吨公里

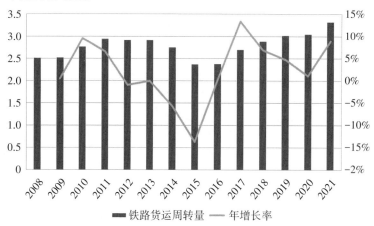

图2-10 2008—2021年铁路货运周转量(含行包)增长情况

资料来源:根据中国统计年鉴及相关行业统计整理。

单位:万亿吨公里

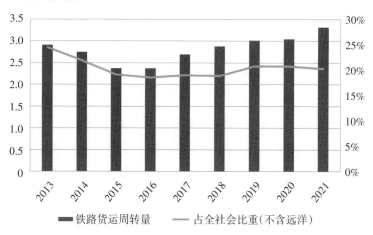

图2-11 2013—2021年铁路货运周转量占全社会比重

资料来源:根据中国统计年鉴及相关行业统计整理。

快推进大型工矿企业、物流园区、港口等集疏运体系建设,铁路货运实现 10.7% 的增长,之后几年的增速也都高于全社会货运增速,但市场份额仍没有恢复到 2013 年水平。2019 年,铁路货运量、货运周转量占全社会(不含远洋)的 9.5% 和 20.8%,分别较 2013 年低 0.3 个百分点和 3.7 个百分点。(见图 2-10)2021 年,铁路货运量、货运周转量占全社会(含远洋)的 9.2% 和 20.3%(见图 2-9、图 2-11)。

(三)铁路货运品类结构

铁路货运一直以煤炭、矿石、粮食等基础性大宗散装货物中长途运输为主,煤炭在其中占举足轻重的地位。近年来,铁路煤运呈现如下特征:一是铁路运输保障能力显著增强,运输瓶颈制约大幅缓解;二是铁路煤运逐步向大能力运煤专用通道和铁海联运通道集中;三是煤炭运输表现为迎峰度夏、备冬储运等时段性运能紧张,以及"两湖一江"等中部内陆省份以及京九、京广、焦柳等南北运输干线的区域性运能紧张,2019年浩吉铁路开通后,区域性运能紧张问题逐步得到缓解。

2008—2014 年,铁路煤炭运量从 16.91 亿吨增长到 22.92 亿吨,年均增长 5.2%。2015 年和 2016 年煤炭运量连续下降。2017年,国家实行运输结构调整政策,"公转铁"持续推进,铁路煤炭运量实现恢复性增长。2020 年铁路煤炭运量达到 23.7 亿吨。总体看,2013 年以来煤炭运量占比保持在 55% 以上(见图 2-12)。

2013—2020 年,铁路集装箱运量占铁路货运比例由 2.2%快速提高到 10.7%,已成为铁路货运新的增长极,是未来发展重点,但由于基数小,目前占比依然偏低(见图 2-13)。

单位:亿吨

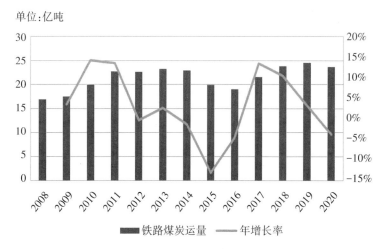

图2-12　2008—2020年全国铁路煤炭运量及增长情况

数据来源:相关统计资料,网站资料。

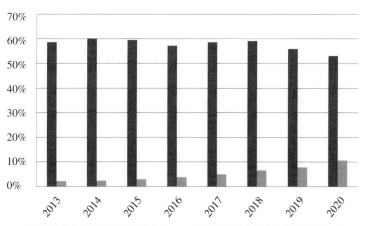

图2-13　煤炭、集装箱占铁路货运量的比例

资料来源:根据相关行业统计整理。

尽管近年来集装箱、高附加值等"白货"运量大幅度增长，但基数较低，以煤炭、矿石、钢铁、石油、粮食等基础性大宗物资为主的货运格局没有实质性改变。2020年，煤炭运量占全国铁路运量的53.1%，其次是金属矿石为12.9%，钢铁及有色金属5.4%，石油3.1%，焦炭2.3%，粮食1.8%（见图2-14）。

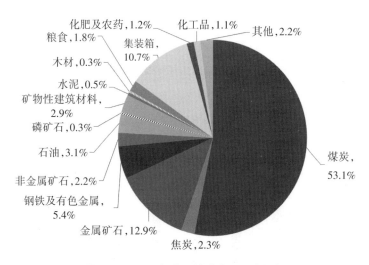

图2-14　2020年全国铁路货运品类结构

数据来源：相关统计资料。

第三章 我国铁路多式联运发展总体情况

我国铁路多式联运始于铁路集装箱运输,早期铁路多式联运的政策与实践主要是围绕铁路集装箱运输展开的,经历了早期探索、恢复发展、快速发展三个时期。2013年,国家层面明确提出发展多式联运以来,多式联运进入逐步完善时期,以煤炭为主的铁路大宗货物多式联运和铁路集装箱多式联运取得快速发展。

一、我国铁路多式联运的政策发展与实践历程

(一)早期探索时期(1955—1976年)

1955年,原铁道部成立集装箱运输营业总所,各地铁路局设立集装箱营业分所,并开设6个集装箱办理站。1956年,我国参加了《国际铁路货物联运协定》,开辟了天津和广安门站为国际集装箱办理站,同时按《国际铁路货物联运统一过境运价规程》规定对运费核收进行优惠,对国际联运集装箱运输发展起到了积极作用。同年,上海、大连、沈阳水路联运集装箱

运输开始试办。1957年,集装箱办理站快速发展,从1955年的6个发展到18个。1958年,随着机构精简改革,集装箱各级运输营业所被撤销。1959年,为了进一步推进水路联运集装箱运输,在原路线上进行了第二次试运,由于效益不好最终停办。1973年,开辟海上国际集装箱运输,天津接卸了第一个国际集装箱。后来,由于国家政策的变化,铁路发展停滞,铁路集装箱运输也进入停滞期。早期的探索为改革开放后我国铁路多式联运快速发展奠定了基础。

(二)恢复发展时期(1977—1995年)

以1977年召开的全路货运工作会议为标志,我国铁路集装箱运输机构得以恢复,逐步组建了铁路集装箱运输部、局、站三级机构,铁路集装箱运输快速发展。

一是在标准制定与管理制度方面。1978年,我国制定《集装箱外形尺寸和重量》标准,全面采用5吨箱。1980年,原铁道部明确集装箱各项税率标准。同年,全国第一家集装箱运输专业化企业——京津冀国际集装箱运输公司成立。1981年,原铁道部完善铁路货物运输规程、运输办法等相关标准,加强集装箱运输管理工作,提高集装箱运输的效率和效益。

二是在发展规划方面。1982年,原铁道部制定《1983—1990年集装箱运输发展规划》,我国铁路集装箱进入规划发展时期。1985年,原铁道部制定《关于"七五"期间集装箱运输发展规划》,对集装箱运量给予了明确规定。1990年,原铁道明确了"三单独、四优先"和"五化"的发展方向。

三是在国际铁路集装箱运输方面。1981年,《关于用于大型集装箱装货试办国际铁路联运》政策文件颁布实施。1986年,原铁道部运输局与中国远洋运输总公司签订《国际集装箱海铁联运协议》,至此我国拉开了国际集装箱海铁联运的序幕。同年,我国开通了12条国际集装箱运输航线。1990年,为适应国际集装箱多式联运组织实施,交通部、原铁道部发布了《国际集装箱多式联运管理办法(试行)》《国际集装箱运输单位管理规定(试行)》及《国际集装箱多式联运国内段收费办法(试行)》。1991年,原国家计委、铁道部、交通部、经贸部、海关总署、卫生部、农业部等7个部门联合发布《关于亚欧大陆桥国际集装箱过境运输管理试行办法》。

这一时期,我国铁路集装箱机构不断恢复、建立,相关标准、管理制度、发展规划不断完善。截至1995年底,我国集装箱专用平车达到4098辆,集装箱办理站达到476个,铁路集装箱年发送量为285万箱,共2293万吨。

(三)快速发展时期(1996—2012年)

1996年8月,中铁集装箱运输中心成立,下设13个局集运中心,形成全国铁路集装箱运输系统,我国铁路集装箱运输进入快速发展阶段。

一是集装箱运输与国际接轨。1997年3月,交通部、原铁道部颁布《国际集装箱多式联运管理规则》,促进了我国国际集装箱多式联运的发展。1998年,原铁道部颁布《港站国际集装箱班列运输组织办法》,港站国际集装箱班列是以港站为支点,以海铁联运为主体开通的集装箱班列。2003年,组建中铁集装箱运输有限责任公司,下设18个分公司,设立货运公司和集装箱物流有限公司,至此我国铁路集装箱运输与国际接轨,步入国际化、市场化新阶段。2011年3月,中欧班列正式开运,共开运班列17列。2011年9月,交通运输部、原铁道部推进铁水联运发展,明确提出"充分发挥铁路集装箱场站和内陆无水港的作用"。同年,中国第一列以集装箱编组的国际货运班列从重庆首发。

二是集装箱中心站点不断完善。2004年1月,国务院批准实施《中长期铁路网规划》,提出建设18个集装箱中心站。2007年11月,国家发展和改革委员会颁布实施《综合交通网中长期发展规划》,明确要重点建设18个集装箱中转枢纽。这一时期,铁水联运、国际集装箱多式联运快速发展,集装箱中心站逐步完善,铁路货运能力不断增强。截至2011年底,我国铁路集装箱运量完成9351万吨,比1995年增长308%。

表3-1　1977—2012年我国铁路集装箱运输大事记

序号	时间	大事件
1	1977年	原铁道部召开全路货运工作会议
2	1978年	原铁道部制定《集装箱外形尺寸和重量》标准
3	1980年8月	全国第一家集装箱运输专业化企业——京津冀国际集装箱运输公司成立
4	1981年	原铁道部制定《铁路货物运输规程》《铁路集装箱运输办法》《关于用于大型集装箱装货试办国际铁路联运》等文件
5	1982年	原铁道部制定《1983—1990年集装箱运输发展规划》
6	1985年	原铁道部制定《关于"七五"期间集装箱运输发展规划》
7	1986年10月	原铁道部运输局与中国远洋运输总公司签订《国际集装箱海铁联运协议》

续表

序号	时间	大事件
8	1989年7月	原铁道部颁布《铁路集装箱修理规则》
9	1989年10月	原铁道部颁布《铁路集装箱运输规则》
10	1989年10月	原铁道部颁布《铁路集装箱运输管理规则》
11	1990年3月	我国开始进行国际集装箱多式联运的工业性试验
12	1990年5月	原铁道部颁布《关于发布国际集装箱运输管理暂行办法的通知》
13	1991年7月	原国家计委、铁道部等8个部门联合发布《关于亚欧大陆桥国际集装箱过境运输管理试行办法》
14	1994年12月	我国内地与香港实现铁路集装箱直达运输
15	1996年8月	我国中铁集装箱运输中心成立
16	1997年3月	交通部、原铁道部颁布《国际集装箱多式联运管理规则》
17	1998年	原铁道部颁布《港站国际集装箱班列运输组织办法》
18	2003年11月	中铁集装箱运输中心中铁集装箱运输有限责任公司成立
19	2004年1月	国务院批准实施《中长期铁路网规划》
20	2007年11月	国家发展改革委颁布实施《综合交通网中长期发展规划》
21	2011年3月	中欧班列正式开运,共计17列
22	2011年9月	交通运输部、原铁道部颁布《关于加快铁水联运发展的指导意见》

资料来源:根据相关政策文件整理。

(四)逐步完善时期(2013年至今)

2013年,国家明确提出发展多式联运,多式联运被国家提升到战略层面的新高度。同年,国务院机构改革,原铁道部实行铁路政企分开,将铁路发展规划和政策的行政职能划入交通运输部;组建中国铁路总公司,承担原铁道部的企业职责。

2016年以来,《中长期铁路网规划》《"十三五"铁路集装箱多式联运发展规划》相继颁布实施,加快推进铁路集装箱发展,构建铁路集装箱多式联运系统。原中国铁路总公司提出了"国际箱+内陆箱"的双轨发展模式。2019年9月,《关于加快推进铁路专用线建设的指导意见》(发改基础〔2020〕1445号)出台,明确指出:到2020年,规划建设127个铁路专用线重点项目,线路总长度达1586公里。2021年12月,国务院印发《"十四五"现代综合交通运输体系发展规划的通知》(国发〔2021〕27号),提出要大力发展货物多式联运。为大力发展多式联运,推动各种交通运输方式深度融合,进一步优化调整运输结构,提升综合运输效率,降低社会物流成本,促进节能减排降碳,国务院办公厅于2021年12月印发《推进多式联运发展优化调整运输结构工作方案(2021—2025年)》提出,到2025年,多式联运发展水平明显提升,基本形成大宗货物及集装箱中长距离运输以铁路和水路为主的发展格局,全国铁路和水路货运量比2020年分别增长10%和12%左右,集装箱铁水联运量年均增长15%以上。这一时期我国铁路多式联运进入逐步完善阶段,相关政策文件密集出台,交通运输体系不断完善,服务质量快速提升,物流成本逐步降低。

表3-2　2013年以来我国铁路多式联运相关政策文件

序号	时间	政策文件
1	2014年10月	国务院印发《物流业中长期发展规划(2014—2020年)》
2	2015年4月	原中国铁路总公司颁布《关于加快发展铁路集装箱与集装箱化运输的实施意见》
3	2015年8月	国家发展改革委经贸司颁布《关于加快实施现代物流重大工程的通知》

续表

序号	时间	政策文件
4	2016年6月	国务院办公厅转发《营造良好市场环境推动交通物流融合发展实施方案的意见》
5	2016年6月	国家发展改革委和交通运输部联合印发《关于推动交通提质增效提升供给服务能力的实施方案》
6	2016年7月	国家发展改革委、交通运输部、原中国铁路总公司颁布《中长期铁路网规划》
7	2016年9月	国务院办公厅转发国家发展改革委《物流业降本增效专项行动方案（2016—2018年）》
8	2016年12月	交通运输部联合国家发展改革委印发《推进物流大通道建设行动计划（2016—2020年）》
9	2017年1月	交通运输部等18个部门联合发布《关于进一步鼓励开展多式联运工作的通知》
10	2017年2月	国务院印发《"十三五"现代综合交通运输体系发展规划》
11	2017年4月	国家发展改革委、交通运输部、原中国铁路总公司联合印发《"十三五"铁路集装箱多式联运发展规划》
12	2017年8月	国务院办公厅发布《关于进一步推进物流降本增效促进实体经济发展的意见》
13	2017年8月	交通运输部印发《关于推进长江经济带绿色航运发展的指导意见》
14	2017年11月	国家发展改革委印发《铁路"十三五"发展规划》
15	2017年12月	交通运输部印发《交通运输行业质量提升行动实施方案》
16	2018年10月	国务院办公厅发布《关于印发推进运输结构调整三年行动计划（2018—2020年）的通知》
17	2018年6月	国务院印发《打赢蓝天保卫战三年行动计划》
18	2018年8月	交通运输部发布《关于印发深入推进长江经济带多式联运发展三年行动计划的通知》
19	2018年12月	国家发展改革委、交通运输部联合发布《国家物流枢纽布局和建设规划》

序号	时间	政策文件
20	2019年9月	国家发展改革委、自然资源部、交通运输部、国家铁路局、中国国家铁路集团有限公司等联合发布《关于加快推进铁路专用线建设的指导意见》
21	2019年11月	交通运输部发布《关于建设世界一流港口的指导意见》
22	2020年6月	国务院转发国家发展改革委、交通运输部《关于进一步降低物流成本的实施意见》
23	2020年11月	《中共中央关于制定国民经济和社会发展第十四个五年规划和二〇三五年远景目标的建议》公布
24	2021年1月	交通运输部印发《关于服务构建新发展格局的指导意见》
25	2021年2月	中共中央、国务院印发《国家综合立体交通网规划纲要》
26	2021年12月	国务院印发《"十四五"现代综合交通运输体系发展规划的通知》
27	2021年12月	国务院办公厅印发《推进多式联运发展优化调整运输结构工作方案(2021—2025年)》
28	2022年1月	国家发展改革委印发《"十四五"现代流通体系建设规划》

资料来源:根据相关政策文件整理。

二、我国铁路多式联运发展现状

(一)铁路大宗货物多式联运

铁路货运一直以煤炭、矿石、粮食等基础性大宗散装货物中长途运输为主,煤炭在其中占举足轻重的地位。

1. 煤炭产销与运输

我国以煤为主的资源禀赋决定了煤炭是我国的主体能源,虽然近年来随着我国提出碳达峰碳中和目标,加之清洁能源的开发和利用,煤炭在能源生产结构和消费总量所占比例不断降低。原煤占一次能源生产总量的比重从 2011 年的 77.8% 下降到 2021 年的 67%,占能源消费总量的比重从 2011 年的 70.2% 下降到 2021 年的 56%,但中短期内仍然是我国的主要能源来源(见图 3-1、图 3-2)。

2015 年 11 月,中央财经领导小组会议上首次提出供给侧结构性改革,随后进一步明确了"三去一降一补"的主要任务,煤炭行业是供给侧结构性改革的重点领域。随着经济增速放缓以及能源结构不断优化调整,煤炭需求大幅下降,供给能力持续过剩,企业效益普遍下滑,市场竞争秩序混乱,安全生产隐患加大。2016 年 2 月,国务院印发《关于煤炭行业化解过剩产能实现脱困发展的意见》(国发〔2016〕7 号)明确提出"推进企业改革重组""促进行业调整转型"。2018 年 1 月,国家发展改革委、财政部等 12 部委联合发布《关于进一步推进煤炭企业兼并重组转型升级的意见》(发改运行〔2017〕2118 号)明确提出,通过兼并重组,实现煤炭企业平均规模明显扩大,中低水平煤矿数量明显减少,上下游产业融合度显著提高,经济活力得到增强,产业格局得到优化。煤炭行业围绕煤炭去产能和资源整合,加快大型煤企横向强强联合,推进煤炭企业专业化运营,煤炭上下游企业兼并重组、一体化向跨地区、跨行业、跨所有制发展,有效化解煤炭过剩产能,促进行业转型升级。截至 2020 年底,全国 30 万吨/年以下煤矿 1129 处、产能 1.48 亿

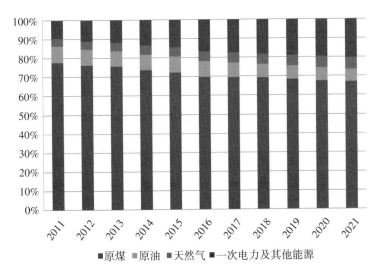

图 3-1 2011—2021 年我国一次能源生产结构

数据来源：国家统计局网站。

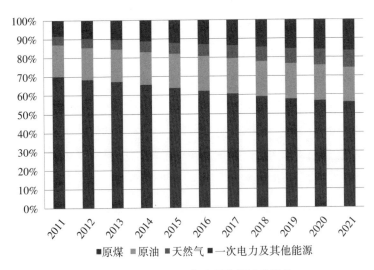

图 3-2 2011—2021 年我国能源消费结构

数据来源：国家统计局网站。

吨/年,较2018年底减少911处;产能减少1.04亿吨/年,降幅分别达45%、41%。

随着煤炭行业供给侧结构性改革的深入推进,我国煤炭产量持续向呼包鄂地区和新疆等优势资源地区集中。2021年全年,内蒙古、新疆、山西、陕西、贵州五省区原煤产量占全国总产量的83.1%,其中,晋陕蒙三省区原煤产量占全国的72%(见图3-3)。"十四五"时期,煤炭资源丰富地区均推出煤炭增产政策,其中,新疆提出新增产能1.6亿吨/年的煤矿项目建设,超过2021年新疆煤炭产量的一半左右;内蒙古提出新建一批大型煤矿,120万吨/年及以上煤矿产能占比达到92%;陕西力争2022年全年核增产能800万吨以上;山西提出对符合核增条件的煤矿"应核尽核、应增尽增",释放先进煤炭产能。

单位:亿吨

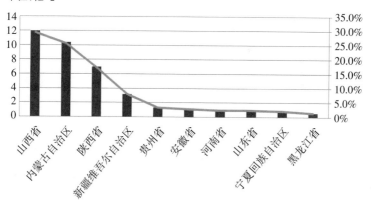

图3-3　2021年主要煤炭产区原煤产量及占比情况

数据来源:国家统计局网站及相关省份统计资料。

我国煤炭资源分布呈现"北富南贫,西多东少"的状况,消费地多集中在东南沿海、南方等区域,主产地与消费地逆向分布,煤炭资源禀赋和消费区域分布决定了我国煤炭运输呈"北煤南运、西煤东运"格局。我国煤炭净调出省为内蒙古、山西、陕西、贵州四大省份,净调入省有山东、河南、河北、安徽、湖北、东三省、江浙沪及珠三角等省份或地区。2016年以来,呼包鄂地区和新疆地区的煤炭外调量逐步上升,2020年山西、陕西、蒙西煤炭外调量分别为6.21亿吨、4.94万吨、4.26亿吨。四川、江西、湖北和山东等地区的小煤矿陆续关闭,煤炭需求更多以省外调入的方式来满足。

专栏一:我国煤炭物流通道网络

2014年1月,国家发展改革委、国家能源局发布《煤炭物流发展规划》(发改能源〔2013〕2650号),提出到2020年全国形成"九纵六横"的煤炭物流通道网络,其中铁路通道包含"七纵五横",水路通道包括"两纵一横",进出口通道由沿海港口和沿边陆路口岸组成,以适应煤炭进出口需要。2016年12月,国家发展改革委、国家能源局印发《煤炭工业发展"十三五"规划》(发改能源〔2016〕2714号)也明确提出了"九纵六横"的煤炭物流通道网络。

1.晋陕蒙外运通道。由北通路(大秦、朔黄、蒙冀、丰沙大、集通、京原)、中通路(石太、邯长、山西中南部、和邢)和南通路(侯月、陇海、宁西)三大横向通路和焦柳、京九、京广、蒙华、包西五大纵向通路组成,满足京津冀、华东、华中和东北地区煤炭需求。

2.蒙东外运通道。主要为锡乌、巴新横向通路,满足东北地区煤炭需求。

3.云贵外运通道。主要包括沪昆横向通路、南昆纵向通路,满足湘粤桂川渝地区煤炭需求。

4.新疆外运通道。主要包括兰新、兰渝纵向通路,适应新疆煤炭外运需求。

5.水运通道。水运通道是保障东南沿海地区及长江中下游地区煤炭需求的重要支撑。水运通道主要包括"两纵一横",即以锦州、秦皇岛、天津、唐山、黄骅、青岛、日照、连云港等北方下水港,江苏、上海、浙江、福建、广东、广西、海南等南方接卸港,以及沿长江、京杭大运河的煤炭下水港为主体,组成北煤南运水上运输系统。

6.进出口通道。由沿海港口和沿边陆路口岸组成,适应煤炭进出口需要。

近年来,铁路煤运呈现如下特征:一是铁路运输保障能力显著增强,运输瓶颈制约大幅缓解;二是铁路煤运逐步向大能力运煤专用通道和铁海联运通道集中;三是煤炭运输表现为迎峰度夏、备冬储运等时段性运能紧张,以及"两湖一江"等中部内陆省份和京九、京广、焦柳等南北运输干线的区域性运能紧张,2019年浩吉铁路开通后区域性紧张问题逐步得到缓解。目前,我国铁路煤炭外运主要以晋陕蒙煤炭外运为主,形成"七纵五横"铁路通道。其中,"七纵"主要包括晋陕蒙外运通道的焦柳、京九、京广、蒙西至华中、包西铁路,贵州外运通道的南昆和新疆外运通道的兰新、兰渝纵向通路;"五横"包括晋陕蒙外运通道北通路(大秦、神朔黄、蒙冀、丰沙大、集通、京原)、中通路(石太、邯长、山西中南部、和邢)和南通路(侯月、陇海、宁西),以及锡乌、巴新横向通路;贵州外运通道的沪昆通路。

水路运输为煤炭外运的第二大运输通道,具有运价低、运力大、可直达用煤企业专用码头等优势,主要包括海路运输和内河运输两种方式。全国海路运输的沿海港口划分为环渤海、长江三角洲、东南沿海、珠江三角洲和西南沿海五个港口群体,强化群体内综合性、大型港口的主体作用,形成煤炭、石油、铁矿石、集装箱、粮食、商品汽车、陆岛滚装和旅客运输等八个运输系统的布局。煤炭内河运输作为海路运输的补充,将来自晋、冀、豫、皖、鲁、苏及海进江(河)的煤炭由铁路、公路运至长江或运河的煤炭中转港或主要支流港中转后,用轮驳船运往华东和沿江(河)用户。

另外,公路运输主要作为铁路运输的补充,承担产煤地及周边省份煤炭短途运输,或铁路、港口煤炭集疏运输。在所有煤炭运输方式中,公路运输的成本最高,但由于公路能够提供两端的"门到门"运输,与铁路、水运组成多式联运,对于煤炭长途运输以及省内的短途运输仍然起到十分重要的作用。目前煤炭公路运输包括两部分:地销汽运和外销汽运。其中地销汽运占省内销售比例较高,而省外汽运占比较低,汽运运煤的运距多在1000公里以内。

资料来源:根据《煤炭工业发展"十三五"规划》及相关资料整理。

按照《"十四五"现代能源体系规划》要求,"十四五"期间要优化煤炭产能布局,建设山西、蒙西、蒙东、陕北、新疆五大煤炭供应保障基地,完善煤炭跨区域运输通道和集疏运体系,增强煤炭跨区域供应保障能力。随着南方小煤矿加快退出,煤炭生产进一步向晋陕蒙新集中,2021年四省区原煤产量占全国的79.9%。由于受季节性煤炭供需格局变化、水电出力不均衡、风电光伏不稳定等多重因素影响,全国煤炭产能总体宽松与区域性、时段性供应紧张的问题并存。从目前及未来一段时期看,我国将保持煤炭主产区"西煤东运、铁海(江)联运"为主的格局,河南、湖北、湖南、江西等中部省份,以及川渝地区等"北煤南运"铁路直达运输比重将有一定程度的提高。

专栏二:经营重点煤炭外运通道的铁路公司情况

1.大秦铁路股份有限公司。该公司于2004年由原北京铁路局作为主发起方,与大同煤矿集团有限责任公司、中国中煤能源集团公司、秦皇岛港务集团有限公司、大唐国际发电股份有限公司、同方投资有限公司和中国华能集团公司等六家公司共同发起设立。2005年,原北京铁路局分立为太原铁路局和北京铁路局,大秦铁路公司控股股东变更为新设立的太原铁路局(太原铁路局控股61.7%,其他全为机构、散户等中小股东,没有战略投资者)。大秦铁路公司管辖大秦线、北同蒲线、南同蒲线、侯月线、石太线、丰沙大线、太焦线、京原线、侯西线等9条铁路干线;口泉线、云冈线、宁岢线、平朔线、忻河线、兰村线、西山线、介西线、太岚线等9条铁路支线,路网东起能源大港秦皇岛,西至黄河禹门口,北到煤都大同,南至古迹风陵渡,纵贯三晋南北,横跨晋冀京津两省两市,线路营业里程3099公里。主要担负着山西省的客货运输和冀、京、津、蒙、陕等省市区的部分货运任务,货物发送量约占全国铁路货物发送量的1/6,煤炭运输量约占全国铁路煤运量的1/4,主要用户包括中西部各大煤企、电网企业、五大发电集团、几大钢铁公司和数以万计的工矿企业,经济区辐射全国26个省市自治区、15个国家和地区。公司管内的大秦线,全长658公里,是我国第一条双线电气化重载运煤专线,是国家"西煤东运"的重要战略通道。

2. 朔黄铁路发展有限责任公司。该公司成立于1998年,注册资本金58.8亿元人民币,由中国神华能源股份有限公司、大秦铁路股份有限公司、河北建投交通投资有限责任公司出资设立。朔黄铁路公司主要负责运营朔黄、黄万、黄大(在建)铁路。其中,朔黄铁路是我国西煤东运第二大通道,西起山西省神池县神池南站,东至河北省沧州市渤海新区黄骅港站,横跨山西、河北两省5区(市)、22个县(市),全线设有33个车站。正线全长594公里,为国家Ⅰ级、双线、电气化重载铁路,现年运输能力已达3.5亿吨。朔黄铁路上游汇聚准池铁路、神朔铁路的煤炭,下游连通黄骅港、天津港,黄大铁路开通后还将连接龙口港。通过其连接,国家能源集团路网实现了"多路对一路,一路对多港"的战略格局。黄万铁路在河北省沧州市境内黄骅南站与朔黄铁路接轨,经黄骅市到天津市万家码头车站后,经天津地方铁路线路到达神港站,全线共设7个车站。全长76.05公里,为国家Ⅰ级、单线、非电气化铁路,年运输能力为4500万吨。黄大铁路起自朔黄铁路黄骅南站,经河北省沧州市,山东省滨州市、东营市、潍坊市,接入益羊铁路大家洼车站。设计全长216.8公里,为国家Ⅰ级、单线、电气化铁路,年运输能力4200万吨。

3.蒙冀铁路有限责任公司。蒙冀铁路从内蒙古鄂尔多斯市正式出发,途经集包铁路(集宁—包头)、集张铁路(集宁—张家口)、张唐铁路(张家口—唐山曹妃甸),最终到达唐山曹妃甸港,是蒙煤外运的第三条大通道。蒙冀铁路有限责任公司主要经营张集、集包第二双线铁路客货运输。

4.浩吉铁路股份有限公司。浩吉铁路,原建设工程名为蒙西至华中地区铁路,简称蒙华铁路,于2019年9月开通运营,是目前世界上一次性建成并开通运营里程最长的重载铁路。浩吉铁路北起内蒙古鄂尔多斯市境内的浩勒报吉南站,途经内蒙古、陕西、山西、河南、湖北、湖南、江西七省区,终到京九铁路吉安站,连接蒙陕甘宁能源"金三角"地区与鄂湘赣等华中地区,衔接多条煤炭集疏运线路,是点网结合、铁水联运的大能力、高效煤炭运输系统,也是"北煤南运"新的国家战略运输通道。线路全长约1814公里,共设77个车站,设计速度120公里/小时(浩勒报吉南站至江陵站、坪田站至吉安站)、200公里/小时(江陵站至坪田站),设计年输送能力为2亿吨。

5.晋豫鲁铁路通道股份有限公司。该公司成立于2010年9月,负责运营管理瓦日铁路。瓦日铁路,又称山西中南部铁路通道、晋豫鲁铁路、晋中南铁路,于2014年12月30日正式建成通车,西起山西省吕梁市兴县瓦塘镇,东至山东省日照港,是连接我国东西部的重要煤炭资源运输通道,世界上第一条按30吨重载铁路标准建设的铁路。

资料来源:根据相关网络资料整理。

2.铁路危化品运输

我国是石油与化工产品生产和消费大国,加之地域上产销分布不均衡,危化品物流需求旺盛。近年来,随着石油化工等行业持续发展,危化品物流市场规模不断扩大,2015—2021年年均增长11.3%,2021年达到2.24万亿元,而且继续呈逐年递增态势。公路一直是危化品物流的运输主力军,2020年危化品运量在18亿吨左右,其中公路运量约12亿吨,占2/3;铁路运量约1.3亿吨,仅占8%;其余的由水运承担。

截至2021年上半年,从事公路危化品运输的企业超过1.3万户,车辆57.5万辆,从业人员超过150万人(含驾驶员、押运员和装卸管理员)。2021年,67%的企业车辆在50辆以下,24%的企业车辆在50~99辆之间,仅9%的企业车辆在100辆以上。另据中物联危化品物流分会的抽样调查显示,90%以上的公路危化品运输客户是化工企业,随着石油化工生产向园区集中,危化品中长距离的规模化运输需求不断增长,跨省运输的占比已接近一半。

以公路为主的危化品运输格局主要存在两大问题:首先

是物流成本高。相对一般货物的中长途运输,公路的运输成本就比铁路高。而对危化品来说,由于有"一车一品一罐"等标准和规范要求,加之受公路运能过剩(目前危化品运输车辆约55%的时间处于停驶或空驶状态,利用率45%)、公路收费规则改变(由计重收费改为按轴收费后,成本约增加30%)等因素影响,与铁路相比,公路运输成本更要高得多。其次是安全性问题。公路运输事故率远高于铁路,危化品运输中一旦出现安全事故,其危害远比一般货物运输大得多。有媒体报道称,目前运送危化品的30多万辆汽车,就像30多万颗"运动中的不定时炸弹",风险巨大,稍有疏忽就会给人民生命财产、生态环境等造成难以估量的损失。目前每年大大小小的危化品运输事故上千起,安全形势不容乐观。比如,2020年6月发生的浙江省台州市温岭市的槽罐车爆炸事故,车体在爆炸后解体,车身部分残骸飞向匝道内侧绿化带,近20米护栏从车道炸飞,罐体也被炸飞约300米高处,一辆汽车直接被炸飞到4层楼高,事故造成20人死亡,172人住院治疗,危害可见一斑。

危化品运输的安全事故,其本质属于具有巨大负效应的"外部产品",管控事故隐患是政府职责所在。铁路危化品运输具有成本低、安全性好等比较优势,大力推进危化品运输"公转铁",不仅能有效提升铁路盈利水平,而且能取得巨大的社会效益,意义重大。铁路危化品运输主要集中在石油和化工品,在2009—2020年的12年间,铁路危化品运量呈下降趋势,在铁路货运量中的占比由2008年的6.2%下降到2020年的4.1%(见图3-4)。

单位：万吨

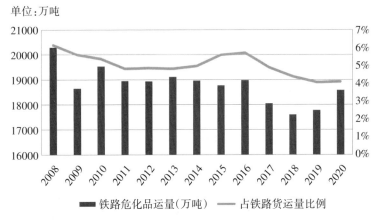

图3-4　铁路危化品运量及占铁路货运量比例

资料来源：根据相关行业统计整理。

(二)铁路集装箱多式联运

铁路集装箱运输是多式联运的关键点,具有产业链条长、高效便捷、集约经济、安全可靠等优势,主要由国内运输、以中欧班列为主的陆桥国际联运和铁水联运三个业务板块组成。为加快铁路集装箱运输发展,2004年1月,国务院审议通过的《中长期铁路网规划》提出建设18个集装箱中心站(上海、昆明、哈尔滨、广州、兰州、乌鲁木齐、天津、青岛、北京、沈阳、成都、重庆、西安、郑州、武汉、大连、宁波、深圳),以及40个左右的集装箱专办站和若干个办理站,形成集装箱中心站(一级站)—专办站(二级站)—办理站(三级站)的铁路集装箱运输三级网点体系。2017年4月,国家发展改革委、交通运输部、原中国铁路总公司联合发布《"十三五"铁路集装箱多式联运发展规划》(发改基础〔2017〕738号),要求到2020年,"集装箱运量达到铁路货运量20%左右,其中,集装箱铁水联运量年均增长10%以上,中欧班列年开行5000列左右,成为铁路货运增长的新引擎"。实际看,截至2021年底,共建成并投入运营13个集装箱中心站,并且当前运营的集装箱中心站主要在"十一五"时期建成,"十二五"和"十三五"时期全国集装箱中心站的建设基本停滞。目前已建成运营的集装箱中心站由中铁集装箱公司控股的中铁联合国际装箱有限公司进行运营管理。

1.集装箱铁水联运

海铁联运不仅可以为内地提供一个直接、便捷、经济的出海运输通道,而且低碳环保、污染排放少。改革开放前30年我国铁水联运几乎空白,在改革开放初期近10年时间开始探索发展中国集装箱运输铁水联运的途径,对铁水联运的发展起到了奠基作用。1984年9月,上海至东北正式开通了集装箱水路联运线路,是我国第一条经由铁路—海运—公路—铁路的集装箱联运线。从1986年开始到2000年的15年间,我国集装箱铁水联运进入了规范的发展期,这个时期主要是政府对推动集装箱铁水联运创造了发展条件,出台了标准,为集装箱铁水联运发展奠定了坚实基础。这个时期铁水联运的发展还是非常缓慢。2001—2010年进入了新世纪,铁水联运进入了成长期,从2000年开始采取"五定"班列等措施加快铁水联运,2003年组建了中铁集装箱运输有限公司,在这一阶段铁水联运获得了一定的发展,但量还是非常小。近些年来,中国对于集装箱铁水联运日益重视。2011年5月,交通运输部与原铁道部共同签署了《关于共同推进铁水联运发展合作协议》,选定了6条集装箱铁水联运示范通道,包括:大连至东北地区；天津至华北、西北地区；青岛至郑州及陇海线沿线地区；连云港至阿拉山口沿线地区；宁波至华东地区；深圳至华南、西南地区。2020年，港口集装箱铁水联运量完成687万标箱，比2019年增长29.6%，其中6条示范通道集装箱铁水联运量完成459.7万标箱，开展集装箱铁水联运的7个主要沿海港口（大连港、营口港、天津港港、连云港、青岛港、宁波舟山港、深圳港）集装箱铁水联运量完成561万标箱，比2019年增长28.6%。

2.集装箱国际联运

中欧班列具有安全快捷、高效经济、绿色环保、全天候等特点。从运输经济成本看，相比传统的海铁联运，中欧班列能够节约8%~20%的综合物流成本，对于高附加值、强时效性等特定物流需求具有比较优势，优化了运输结构和产业布局，对全球供应链变革产生了重大影响。①由海运到欧洲海港，再转运公路至欧洲各地区的传统运输方式，运输时间需要40—45天，中欧班列仅需要14—22天即可抵达欧洲大陆腹地。中欧班列实现常态化开行，随着亚欧大陆铁路运输基础设施日益完善；通关标准更加协调便捷；各条班列线路之间整合提速，中欧班列的优势将进一步突显。

截至2021年，国内开通中欧班列的城市已达91个，班列可通达至欧洲23个国家的180个城市。②11年来，中欧班列

---

① 王蕊，王怡."一带一路"核心区域出口贸易对物流业增长与集聚的作用研究[J].商业经济研究，2021(17)：101-104。

② 黄奇帆：推进中欧班列高质量发展的思考与建议[J].全球化，2021(05)：5-13+133。

年开行数量由最初不到 20 列发展到 2021 年的 1.52 万列,年均增速达 97.3%,累计开行达 4.9 万列,运送集装箱达 443 万标箱,运送货物货值超过 1600 亿美元。中欧班列运送货物货值占中欧货物贸易的比重逐年提升,从 2015 年的 1% 增至2020 年的 7%。2021 年全年,中欧班列共开行 1.5 万余列,运送 146.4 万标箱,同比分别增长 22%、29%,综合重箱率 98.1%(见图 3-5)。截至 2021 年 12 月底,中欧主要口岸通行情况如图 3-6 所示。

西部陆海新通道铁海联运班列自 2017 年开行以来实现货运量跨越式发展,2021 年班列集装箱运量较 2017 年增长了186 倍,2017—2021 年累计发送 132.2 万标箱。2021 年,西部陆海新通道开行铁海联运班列 6117 列,集装箱运量达 30 万标箱,同比增长 33%。截至 2021 年底,西部陆海新通道已覆盖我国 13 省、46 市、90 站,较 2020 年增加 38 站。物流总发运量超

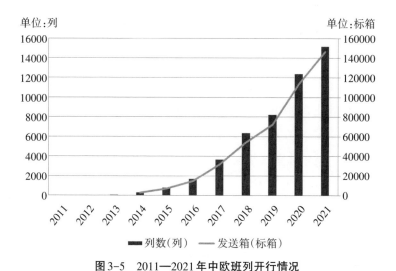

图 3-5　2011—2021 年中欧班列开行情况

单位:列

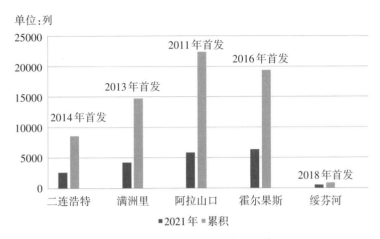

图3-6　中欧班列主要口岸通行情况

70万标箱,较开行第一年增长了近33倍。三大出海港口货物吞吐量达6亿吨,占全国沿海港口总吞吐量的6.1%。西部陆海新通道已与中欧班列和长江黄金水道实现联通,并已初步实现丝绸之路经济带和21世纪海上丝绸之路的有机衔接。

3.港口集装箱吞吐情况

我国的国际集装箱运输首先从海运开始,1978年由中远开辟了第一条中国至澳大利亚的集装箱航线,揭开了中国国际集装箱运输的序幕。近年来,海上集装箱运输保持着较高增长速度,2021年,全国港口完成集装箱吞吐量2.8亿标箱,比上年增长7%。其中,沿海港口完成2.49亿标箱,内河港口完成3340万标箱,比上年分别增长6.4%和11.3%。2010—2021年,港口集装箱吞吐量情况以及沿海港口和内河港口集装箱吞吐量情况分别见图3-7和图3-8。2021年集装箱吞吐量方面,全国排名前十的港口分别是上海港、宁波舟山港、深圳港、广州港、青岛港、天津港、厦门港、苏州港(内河)、广西北部湾港和营口港。

单位:亿标箱

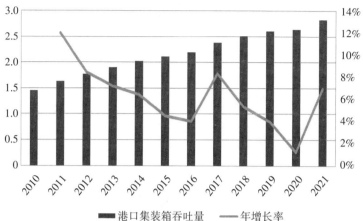

港口集装箱吞吐量 ——年增长率

图3-7 2010—2021年港口集装箱吞吐量增长情况

数据来源:交通运输部公开信息。

单位:万标箱

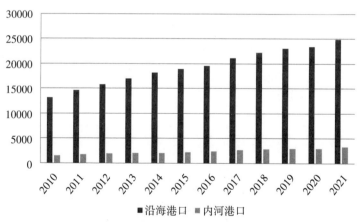

■沿海港口 ■内河港口

图3-8 2010—2021年沿海港口和内河港口集装箱吞吐量

数据来源:交通运输部公开信息。

表3-3　2021年全国港口集装箱吞吐量排名前20强

排名	港口	集装箱吞吐量(万标箱)	增速
1	上海港	4703	8.1%
2	宁波舟山港	3108	8.2%
3	深圳港	2877	8.4%
4	广州港	2447	5.6%
5	青岛港	2371	7.8%
6	天津港	2027	10.4%
7	厦门港	1205	5.6%
8	苏州港(内河)	811	29.0%
9	广西北部湾港	601	19.0%
10	营口港	521	-7.8%
11	日照港	517	6.4%
12	连云港	503	4.8%
13	佛山港(内河)	371	-8.5%
14	东莞港	369	-2.9%
15	大连港	367	-28.1%
16	烟台港	365	10.6%
17	福州港	345	-2.2%
18	唐山港	329	5.7%
19	南京港(内河)	311	2.9%
20	武汉港(内河)	248	26.1%

数据来源:交通运输部公开信息。

第四章 我国铁路多式联运政策梳理及实施效果

近年来,我国高度重视多式联运发展,将多式联运上升到国家战略层面予以推进,多式联运"硬条件""软环境"两手齐抓,不断优化基础设施网络建设,完善多式联运标准规则,加强多式联运信息共享,推进多式联运示范工程,优化交通运输结构,清理货运服务收费,逐步深化铁路货运改革,铁路多式联运发展取得一定成效。但是,铁路货运市场份额仍然低于全社会货运增速,铁路集装箱多式联运及港口铁水联运量快速增长但占比仍低于发达国家,亟需进一步发展多式联运,提高铁路大宗货物多式联运及集装箱多式联运占比。

一、我国铁路多式联运发展措施重点

(一)将多式联运发展上升到国家战略层面予以推进

一是不断加强相关部门合作。我国铁路多式联运发展经历了单一部门推进、相关部门合作推进以及上升到国家战略层面由多部门共同推进的过程。最初由原铁道部为主推进铁路多式联运发展。2011年5月,交通运输部与原铁道部在北京签署《关于共同推进铁水联运发展合作协议》。同年10月,两部联合发布了《关于加快铁水联运发展的指导意见》,明确指出,根据铁水联运市场需求和有关联运通道的软硬条件,组织实施铁水联运示范工程,带动我国铁水联运整体水平提升。由此,开启通过不同部门合作推进铁水联运发展的序幕。2013年11月,《中共中央关于全面深化改革若干重大问题的决定》明确提出发展多式联运后,多式联运被国家提升到战略层面的新高度。

2016年9月,交通运输部颁布《关于促进多式联运发展的若干意见》,提出要充分学习借鉴国外先进经验,不断掌握多式联运发展规律,发挥好政府部门的积极作用和市场的决定性作用。2017年1月,交通运输部等18个部门颁布《关于进一步鼓励开展多式联运工作的通知》,从市场环境、基础设施、行业改革、信息共享和对外合作几方面提出推动多式联运发展。2022年1月,国务院办公厅印发《推进多式联运发展优化调整运输结构工作方案(2021—2025年)》明确提出:"到2025年,多式联运发展水平明显提升,基本形成大宗货物及集装箱中长距离运输以铁路和水路为主的发展格局,全国铁路和水路货运量比2020年分别增长10%和12%左右,集装箱铁水联运量年均增长15%以上。重点区域运输结构显著优化,京津冀及周边地区、长三角地区、粤港澳大湾区等沿海主要港口利用疏港铁路、水路、封闭式皮带廊道、新能源汽车运输大宗货物的比例力争达到80%;晋陕蒙煤炭主产区大型工矿企业中长距离运输(运距500公里以上)的煤炭和焦炭中,铁路运输比例力争达到90%。"

二是从国家规划层面促进铁路多式联运发展。2016年10月，《中欧班列建设发展规划（2016—2020年）》印发实施，加快推进中欧班列建设。2017年5月，《"十三五"铁路集装箱多式联运发展规划》颁布，明确提出构建"一体化、网络化、标准化、信息化"相结合的铁路集装箱多式联运系统。2019年8月，国家发展改革委印发《西部陆海新通道总体规划》，进一步强化西部地区交通基础设施建设，提升物流发展质量和效率。2021年2月，中共中央、国务院印发《国家综合立体交通网规划纲要》，提出构建空中、水上、地面与地下融合协同的多式联运网络，优化调整交通运输结构，形成以铁路、水运为主的大宗货物和集装箱中长距离运输格局。2021年12月，国务院印发《"十四五"现代综合交通运输体系发展规划》，提出要大力发展货物多式联运。2022年1月，国家发展改革委印发《"十四五"现代流通体系建设规划》，明确提出培育多式联运经营主体，以铁水联运、江海联运、江海直达、国际铁路联运等为重点，积极推进"一单制"，丰富"门到门"一体化联运服务产品，打造多式联运品牌。

（二）推进示范工程，给予政策支持

近年来，为推进铁路多式联运发展，我国先后启动了一批6个集装箱铁水联运示范工程和三批多式联运示范工程，具体如下：2011年10月，交通运输部和原铁道部启动首批6个集装箱铁水联运通道示范工程项目。2016年6月，第一批多式联运示范工程项目名单公布，包括驮背运输（公铁联运）示范工程、河北省"东部沿海—京津冀—西北"通道集装箱海铁公多式联

运示范工程等16个项目。2017年11月,第二批30个多式联运示范工程项目名单公布,入选工程项目被纳入交通运输部的货运枢纽(物流园区)建设项目库。2018年11月,第三批多式联运示范工程项目名单公布,包括"中国物流'三区六品'多式联运示范工程"等24个项目。2022年1月,交通运输部、国家发展改革委联合发文,将全国20个集装箱多式联运示范工程命名为"国家多式联运示范工程"。

与此同时,各地也在积极探索开展多式联运示范工程建设,如2019年12月,四川省发展和改革委员会印发《成都"一带一路"国际多式联运综合试验区总体方案》,探索"铁水""公铁""空铁""铁海"联运模式,致力建成全国"国际铁路第一港"。

专栏三:多式联运示范工程项目

1.第一批多式联运示范工程项目。2016年6月,交通运输部办公厅与国家发展改革委办公厅联合公布了第一批多式联运示范工程项目名单,研究确定驮背运输(公铁联运)示范工程、河北省"东部沿海—京津冀—西北"通道集装箱海铁公多式联运示范工程等16个项目。示范工程项目围绕集疏运体系建设、运输组织创新、作业流程优化、多式联运信息共享、技术装备创新应用、标准规范统一等重点任务展开。

2.第二批多式联运示范工程项目。2017年11月,交通运输部和国家发展改革委联合公布了第二批30个多式联运示范工程项目名单，这些示范工程项目被纳入交通运输部的货运枢纽（物流园区）建设项目库，根据《交通运输部货运枢纽（物流园区）投资补助项目管理办法（暂行）》按照东中西部分别为5000万元、6000万元以及7000万元给予投资补助，各地方政府也给予相应的政策支持。

3. 第三批多式联运示范工程项目。2018年11月，交通运输部办公厅、国家发展改革委办公厅公布第三批多式联运示范工程项目名单，确定"中国物流'三区六品'多式联运示范工程"等24个项目为第三批多式联运示范工程项目，明确要求对纳入示范工程的相关项目，积极争取国家专项资金和本级人民政府、示范项目所在地人民政府及有关部门的政策支持，从土地、财税等方面给予支持和倾斜。交通运输部将对符合要求的示范工程中的枢纽站场项目，根据有关政策给予投资补助。

4. 第四批多式联运示范工程项目。2022年10月，交通运输部发布了《关于拟公布第四批多式联运示范工程创建项目名单的公示》，拟确定46个项目作为第四批多式联运示范工程创建项目。

5. 部分铁水联运示范工程进展情况。"一带一路倡议、长江经济带战略"集装箱铁水联运工程进展情况。2016年6月，由武汉港发集团牵头，联合中国铁路武汉局集团共同实施的武汉市推进"一带一路倡议、长江经济带战略"集装箱铁水联运示范工程（以下简称"铁水联运一期"）入选首批多式联运示范工程项目。该示范工程致力于打造"三点一廊、东西贯通"的多式联运体系,通过铁路线将阳逻港、汉口北铁路物流基地、吴家山铁路物流基地连接起来,形成"一线串三珠"的格局。2019年12月,交通运输部、国家发展改革委联合下发通知(交运函〔2019〕834号),正式命名全国12个多式联运示范工程项目为"国家多式联运示范工程",湖北省武汉市推进"一带一路倡议、长江经济带战略"集装箱铁水联运示范工程位列其中。

阳逻国际港集装箱铁水联运工程以建设"长江铁水联运第一港"为目标,以实现水港、陆港和空港的三港融合、联动发展和无缝衔接,畅通集疏运体系,补强基础设施短板为目的,分两期实施:一期阳逻电厂工程已于2017年12月28日建成投入试运营,2018年3月20日实现单线常态化运营。二期项目是武汉承载"一带一路"和长江经济带战略支点功能、发挥国内大循环、国内国际双循环核心枢纽作用的重大关键性设施项目,项目位于武汉市新洲区阳逻经济技术开发区,建设总面积约852亩。项目由武汉中远海运港口有限公司建设运营,2020年8月1日开工,2021年8月1日开港通车。阳逻国际港集装箱铁水联运示范工程二期项目纳入国家第四批多式联运示范工程创建项目,可实现"铁路直接进码头""集装箱下船后不落地",推进武汉水运和铁路运输实现"无缝对接",推动武汉成为中国内陆地区最大的铁水联运枢纽。

"亚太—东北地区"通道集装箱海铁公多式联运示范工程、"东南沿海—营口—欧洲"通道集装箱公铁水联运示范工程情况。2019年11月,交通运输部、国家发展改革委发布通知,辽港集团大连东北亚国际航运中心"亚太—东北地区"通道集装箱海铁公多式联运示范工程、"东南沿海—营口—欧洲"通道集装箱公铁水联运示范工程成功通过交通部专家组验收,双双入选首批12个"国家多式联运示范工程"项目名单。

大连东北亚国际航运中心"亚太—东北地区"通道集装箱海铁公多式联运示范工程由大连港集装箱发展有限公司牵头,会同大连铁越集团有限公司联合组织实施。四年来,项目单位以强化不同运输方式之间的衔接协调、提高多式联运的组合效率和整体效益、提升综合运输服务能力和现代物流发展水平为根本目标,大力推进枢纽基础设施建设、研发应用新型设施设备。通过运营组织模式创新和新型装备的研发应用,破解多式联运发展瓶颈,创新和推广商品车、冷链、零担"散改集"等先进运输组织模式,加快推进多式联运发展,各项重点工作取得良好成效。

"东南沿海—营口—欧洲"通道集装箱公铁水联运示范工程由营口港务集团有限公司、辽宁沈哈红运物流有限公司牵头,会同中国铁路沈阳局集团有限公司、中国铁路哈尔滨局集团有限公司共同实施。项目单位充分发挥"沈哈红运"经营模式,依托营口港内大型多式联运场站的强力支撑,在东北运营集装箱班列线路一百余条,构建以营口港为核心支点的贯通南北、联通海铁的"轴幅式"物流大通道,创造多式联运为基础主线的"一主多辅"多元化经营模式。在充分融合公、铁、海多式联运全要素的基础上,创新运营组织模式、物流技术装备、价格联动机制,广泛服务东北内陆、东南沿海及长江经济带,推动现代物流与内陆产业有机结合、高质量发展。

资料来源:根据相关资料整理。

(三)优化网络布局,强化基础设施建设

一是推进铁路多式联运通道建设。党的十八大以来,铁路大规模发展,全国铁路营业里程由2012年底的9.76万公里增加到2021年底的15万公里,稳居世界第二,铁路大能力货运通道基本建成,形成北中南三大煤炭重载运输通道,铁路货运瓶颈制约基本消除。同时,我国港口规模不断扩大,沿海港口万吨级及以上泊位数2530个,建成了环渤海、长江三角洲、东南沿海、珠江三角洲和西南沿海区域五大沿海港口群。

二是推进集疏港铁路建设。2011年以来,特别是"十三五"期间,国家先后出台《"十三五"港口集疏运系统建设方案》《"十三五"长江经济带港口多式联运建设实施方案》《推动长江干线港口铁水联运设施联通的行动计划》等专项方案及计划,以主要沿海港口和长江干线港口为重点推进集疏港铁路建设。截至2021年上半年,我国港口集装箱铁路专用线达到224条,用于铁水联运业务中转装卸作业线总长达281公里,集疏运体系不断健全。

三是加快推进铁路专用线建设。铁路专用线对于优化交通运输结构、促进交通运输绿色转型、促进物流降成本、助力碳达峰碳中和目标实行具有重要作用。近年来,国家高度重视铁路专用线发展。2018年7月,国务院办公厅发布《推进运输结构调整三年行动计划(2018—2020年)》,明确加快大型工矿企业和物流园区铁路专用线建设。2019年9月,国家发

展改革委等五部门联合印发《关于加快推进铁路专用线建设的指导意见》，对推进铁路专用线建设提出明确要求，推进沿海主要港口、大宗货物年运量150万吨以上的大型工矿企业、新建物流园区铁路专用线接入，打通铁路运输"最后一公里"。

专栏四：我国加强铁路专用线建设的相关政策措施

1.简化专用线接轨程序。过去，专用线与铁路线路接轨实行行政许可，由原铁道部批准后取得铁路专用线与铁路线路接轨许可证才能接轨。2013年，铁路实行政企分开后，专用线接轨实行合同制管理，由铁路局集团公司与专用线接轨人签订接轨合同。2014年，国家铁路局落实简政放权要求，在清理行政审批事项过程中，取消铁路企业专用线接轨行政审批事项。2019年9月，《关于加快推进铁路专用线建设的指导意见》（发改基础〔2019〕1445号）进一步明确接轨站所属铁路企业在受理专用线接轨申请后，原则上应在20个工作日内出具同意接轨意见。

2.降低专用线运营成本。铁路专用线建成后部分委托铁路企业或者其他具备运营管理能力的企业管理，部分实行自管自营。实行委托运营管理的铁路专用线产权单位向铁路企业支付专用线代运代维、自备机车货车检修服务等多项费用。为降低铁路专用线运营成本，相关文件从以下几方面予以明确：一是降低铁路专用线代运代维、自备机车货车检修服务收费标准;二是清理规范铁路货物运输相关收费,减少各项货运相关杂费,取消部分收费项目;三是鼓励铁路专用线共建共享共用,规范线路使用、运输服务收费项目和标准,明确清算规则。

3.合理确定专用线建设技术标准。过去,铁路专用线主要执行Ⅲ、Ⅳ级铁路及原工业企业铁路设计规范,同时参考重载铁路设计规范。〔2019〕1445号文明确要求,"在保障运输安全顺畅的前提下,合理确定新建及改扩建铁路专用线建设等级和技术标准,经济适用配置站后设施设备"。2019年,国家铁路局批准发布《铁路专用线设计规范(试行)》(TB10638-2019),突出行业标准定位,采用更加便利的接轨条件和运输组织方式,针对铁路专用线纯货运等特点,明确了线路、站场、电力、通信、机务与车辆设备等专业主要技术要求。

4.对专用线提供政策支持。一是政府加大对铁路专用线的资金支持力度。〔2019〕1445号文等相关文件明确提出,中央和地方财政加大对铁路专用线的资金支持力度。二是对专用线提供用地支持。2020年,相关部门对用地计划进行改革,同时进一步明确对于列入国家计划的铁路专用线项目,可以占用基本农田。另外,铁路企业加大对专用线的投资支持,明确专用线接轨站改造投资由各铁路局集团负责,并明确参与投资部分铁路专用线。

资料来源:根据相关资料整理。

四是加快推进货运物流枢纽建设。2016年以来,《"十三五"综合客运枢纽和货运枢纽（物流园区）建设方案》《推进物流大通道建设行动计划（2016—2020年）》《国家物流枢纽布局和建设规划》相继颁布实施，重点推进11条物流大通道和85个节点建设，提出实施"多式联运枢纽建设工程"。2019年3月，国家发展改革委等24个部门联合发布的《关于推动物流高质量发展促进形成强大国内市场的意见》明确指出，围绕我国重大战略实施，在国家物流骨干网络的关键节点，启动第一批15个左右国家物流枢纽布局建设，推进铁路货运服务提质增效。

五是推进集装箱场站建设。不断推进北京、上海、广州等18个城市铁路集装箱中心站建设。在《"十三五"铁路集装箱多式联运发展规划》中，进一步明确规划建设具有多式联运功能的综合货运枢纽。目前我国以18个铁路集装箱中心站、40个专业集装箱站和100个通用集装箱装卸站为节点，加快完善集装箱场站建设。

六是推进中欧班列集结中心建设。为促进中欧班列整体高质量发展，2020年5月，推进"一带一路"建设工作领导小组办公室提出开展中欧班列集结中心示范工程建设，先行先试促进运输组织、货源组织、金融和信息服务的发展，促进班列开行由"点对点"向"枢纽对枢纽"转变，打造一批具有较强国际影响力的现代物流枢纽。2020年7月，国家发展改革委加大对郑州、重庆、成都、西安、乌鲁木齐5个中欧班列枢纽节点的支持力度，开展中欧班列集结中心示范工程建设，不断推进运输资源向运行质量较好的线路和枢纽倾斜，促进中欧班列降本提质增效。

（四）完善多式联运标准规则，加强多式联运信息共享

一是完善多式联运标准规则。多式联运的标准规则包括运行、操作、技术、管理等多个方面的标准规则。2015年5月，交通运输部成立了综合交通运输标准化技术委员会，编制完成了多式联运术语、运载单元标识等多项标准。2017年1月，交通运输部等18个部门联合印发《关于进一步鼓励开展多式联运工作的通知》，明确提出，加快推进不同运输方式在运价计费、票据单证格式等方面的衔接，健全法规标准体系。2017年2月，国务院印发《"十三五"现代综合交通运输体系发展规划》，明确提出，制定完善统一的多式联运规则和多式联运经营人管理制度。2017年6月，交通运输部组织规划研究院物流所编写《多式联运发展技术指引》，对多式联运未来技术、发展方向给予指导。

二是加强多式联运信息平台建设。2013年11月，交通运输部发布《交通运输物流公共信息国家平台标准化建设方案（2013—2015）》，加快物流公共信息平台标准化建设，推进物流信息采集、交换、服务标准的研究、制度修订。2014年9月，国务院印发《物流业发展中长期规划（2014—2020年）》，明确提出整合铁路、公路、水路等信息资源，促进公共服务信息与物流信息有效对接，促进全社会物流信息资源开发利用，实现物流平台信息共享互通。2018年10月，国务院办公厅印发《推进运输结构调整三年行动计划（2018—2020年）》指出，要升级国家物流信息平台，提升智能化、透明化水平。

（五）优化交通运输结构，实行"公转铁""公转水"

2018年，调整优化运输结构，实现"公转铁"成为中央提出的一项系统工作，中央相关各部门及地方都做了很多重点工作。中央层面，2018年6月，在《打赢蓝天保卫战三年行动计划》中，提出了2020年优化调整运输结构的目标，具体包括铁路货运量增量目标、京津冀及周边地区、长三角地区、汾渭平原地区的铁路运量增长比例以及重点港口集装箱铁水联运量的增长比例。生态环境部以优化调整运输结构为导向，实施包括清洁柴油在内的四大行动，推动污染物排放总量明显下降，促进城市和区域环境空气质量明显改善。交通运输部部署了"十三五"后三年76项任务，在调整交通运输结构方面的主要举措，包括提高货运通道能力、推广使用新能源汽车、重点推进珠三角、长三角、环渤海（京津冀）水域船舶排放控制区的建设。2018年10月，交通运输部出台了《推进运输结构调整三年行动计划（2018—2020）》，提出以京津冀及周边地区，长三角地区，汾渭平原等区域为重点目标区域，深入实施铁路运能提升、水运系统升级等六大行动，以推进大宗货物运输"公转铁""公转水"为主攻方向，不断完善综合运输网络，减少公路运输量，增加铁路运输量。各地方也积极出台各项措施调整交通运输结构。

（六）清理货运收费，降低物流成本

我国深入推进物流领域"简政、减税、降费"工作，进一步推动降低物流成本。2016年9月，《物流业降本增效专项行动方案(2016—2018年)》印发并实施,指出扩大交通运输业的进项税抵扣范围,降低物流企业运输收费水平,科学合理制定车辆通行费标准,推进收费管理制度化、科学化、透明化。2020年6月,国务院办公厅转发国家发展改革委、交通运输部《关于进一步降低物流成本的实施意见》,明确提出,推进证照和许可证办理、车辆超载、货运市场秩序等关键环节改革,降低物流制度成本;加强土地和资金保障,落实物流领域税费优惠政策,降低铁路航空货运收费、海运口岸收费,降低物流信息成本与联运成本;不断加强物流基础设施网络建设,培育物流骨干企业。各地方政府积极落实文件要求,也根据各地实际情况制订并出台了细则。国铁企业按照相关要求积极调整部分铁路运杂费,铁路杂费从之前的40多项清理到现在的26项。

(七)深化铁路货运改革

2018年7月,原中国铁路总公司发布《2018—2020年货运增量行动方案》,明确提出到2020年的铁路货运增量目标以及铁路集装箱多式联运的增量目标。一是以"六线六区域"为重点,深入挖掘运输潜力,完善运煤大通道建设,提高线路运能,预计新增西煤东运、南运能力1200多万吨。二是进一步简化铁路专用线审批和接轨程序,降低专用线代运代维等相关费用,推进铁路专用线建设,实现公铁无缝衔接。三是通过大力发展煤炭中长期运输和大宗货物的协议制运输、开发定制化的货运产品、大力发展特种货物运输,开启LNG罐厢试运营。四是实施铁路集装箱、零担各类货物以及整车运输的12个货物品类运价实行市场调节,整车运输除上述12个货品以外的铁路整车大宗货物运输实行政府指导价,赋予铁路运输企业在此基础上有10%的上调权限,根据实际情况自主确定具体运价水平。

二、效果评估

(一)铁路货运市场份额恢复性增长,但仍然低于全社会货运增速

受宏观经济环境变化和自身经营机制等因素影响,2013—2016年铁路货运出现负增长。从2017年开起,随着国家对公路实行治超等促进"公转铁"政策落地见效以及铁路企业自身努力,大宗货物运量实现恢复性增长,集装箱、商品汽车、冷链运输等持续快速增长。2017年、2018年和2019年铁路货运量分别增长10.7%、9.2%和9.0%,货运周转量分别增长13.3%、6.9%和4.7%,增速高于公路。2019年,铁路货运量约43.9亿吨、货运周转量约3万亿吨公里。2020年和2021年,由于受新冠疫情影响,铁路货运量和货运周转量增幅较低。虽然,铁路货运市场份额呈现恢复性增长,但仍低于同期全社会货运量和货运周转量增幅。2013—2019年,铁路货运量、货运周转量年均增长1.7%和0.6%,同期全社会货运量、货运周转量(不含远洋)年均增长2.4%和2.9%;铁路货运量、货运周转量占全社会(不含远洋)的比重由2013年的9.8%和24.5%下降到2019年的9.5%和20.8%。

（二）铁路集装箱多式联运以及港口铁水联运量快速增长，但仍低于发达国家

近几年，铁路集装箱运输增速很快，"十三五"期间年均增长 36.9%，但由于基数较小，2020 年全国铁路集装箱运量约 4.77 亿吨，仅占全国铁路货运量的 10%，与"十三五"规划目标相差甚远，更是低于发达国家 30%~40% 的水平（见图 4-1）。铁水联运"十三五"期间年均增长 23.8%，比年均增长 10% 的规划目标快 1 倍多，尽管远超预期，但 2021 年仅达到 754 万标箱，占港口集装箱吞吐量的 2.67%，不仅远低于发达国家约 30% 的水平（如美国约 40%、法国约 35%），而且远低于印度约 25% 的水平（见图 4-2）。

单位：万吨

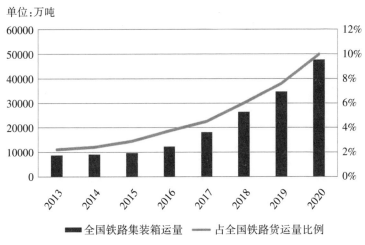

图 4-1　2013—2020 年全国铁路集装箱运量及占比情况

单位:万标箱

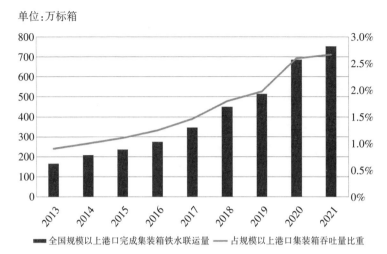

■ 全国规模以上港口完成集装箱铁水联运量 ━━ 占规模以上港口集装箱吞吐量比重

图4-2 2013—2021年全国规模以上港口集装箱铁水联运量

(三)社会物流成本不断降低,但仍高于发达国家

当前,通常用社会物流总费用占GDP比重来评价一国物流成本的高低,比例越高说明物流成本越高,物流效率越低。我国近年来出台的相关文件也把降低物流总费用占GDP的比重作为预期目标。这一指标受经济发展阶段、产业结构、国土面积、资源分布、人口布局等许多客观因素的影响,而且不同的产业产出相同的GDP所耗费的物流费用不同。2013年以来,我国社会物流总费用与GDP的比例基本呈降低趋势,从2013年的18%降低到2021年的14.6%,但较美国、欧洲、日本等发达国家仍高出6~7个百分点。从各个多式联运项目开展情况看,物流费用和时间成本都有所降低。例如,重庆果园港项目从中东运到果园港的塑胶颗粒,经由长江到重庆需要40天左右,而通过果园港实现铁海联运只需要20多天。

（四）不同运输方式合作逐步加强，多式联运新模式不断涌现

一是信息技术、智能化手段在多式联运项目中得到广泛使用。重庆果园港项目利用信息技术手段实现集装箱智能化管理，实现了路港联合调度，确保铁水联运的快速转运，减少集装箱在港停留时间。二是创新集装箱多式联运组织模式。"十三五"期间，宁波舟山港成功开行了国内首条双层集装箱海铁联运班列，集装箱海铁联运、江海联运、海河联运箱量年均增幅均超过40%。三是港口与铁路企业合资合作成立物流公司。营口港通过与哈尔滨铁路局物流公司、沈阳铁路局物流公司和民营企业红运物流公司合资成立辽宁沈哈红运物流有限公司，统筹利用各股东方提供的铁路、海运、港口及管理优势，发展以铁水联运为主要业务的多式联运业务，从而共同开拓货运市场，实现一体化运营。四是实现铁水联运一单制。各大港口公司探索统一不同运输方式的单证体系，推进铁路货单"提单化"，已经初步建立相关部门和企业协同配合的港口集装箱铁水联运"一单制"体系。五是提高通关便利化程度。为更好地服务西部陆海新通道沿线城市货物快速通关，钦州港海关推行"提前申报""两步申报""两段准入"等通关便利化措施，2021年前5个月整体通关时间比2020年压缩24.5%。

（五）中欧班列开行数量不断增加，服务国家政策能力全面提升

一是服务"一带一路"倡议。近几年，中欧班列开行数量

不断增加,战略通道作用更加凸显;西部陆海新通道班列开行频次、线路不断增加;中欧班列与西部陆海新通道班列的有机衔接,为"一带一路"倡议做出积极贡献。二是促进西部地区经济发展。西部陆海新通道开行频次、线路不断增加,2021年,西部陆海新通道班列全年开行6117列,同比增长32.8%。三是联通"一带一路"建设和长江经济带。果园港成为连接"一带一路"建设和长江经济带的重要航运枢纽,助推重庆由内陆腹地变身开放前沿。四是对畅通海上贸易通道和国际物流大通道发挥了重要作用。

第五章　我国铁路多式联运发展存在的问题

我国铁路多式联运发展仍然较为落后，根源在于制约铁路多式联运发展的体制机制障碍尚未破除，铁路多式联运基础设施存在短板，铁路货运市场化改革不到位，铁路多式联运市场主体缺失、协同机制不完善，亟需通过深化改革破除体制机制障碍，为发展铁路多式联运提供制度基础。

一、基础设施建设不足，多式联运衔接不畅

（一）铁路集装箱运输的基础设施不强

过去很长一段时间，铁路投资建设的战略重心都在高铁和煤运通道，而对集装箱运输投资相对不足，设施布局不完善，装备水平有待提升。一是集装箱中心站布局建设缓慢。2004年，国务院审议通过的《中长期铁路网规划》，提出到2020年布局建设18个铁路集装箱中心站。2021年底建成13个中心站（即昆明、重庆、成都、郑州、武汉、西安、青岛、乌鲁木齐、大连、宁波、天津、广州和钦州，其中"十三五"期间建成2个），

仅为规划的2/3。二是集装箱营业点(专办站和办理站)数量不足,装备落后。大型集装箱专办站建设迟缓,在一些集装箱货源充足的地区甚至没有一个现代化集装箱办理场站。除新建的办理站外,一些原有集装箱办理站由于产业格局变化和城市发展已不能继续使用,有的也因场站狭小、设备老化等原因难以适应需要。三是铁路集装箱专用车不足。目前铁路集装箱运输企业的资产,主要是部分场站和集装箱,运输所用车辆全部由国铁企业提供。由于集装箱专用车辆少,部分集装箱通过敞车或平车等代用车辆运输,既降低运输效率,也影响服务质量。四是信息化系统不够发达完善。目前建立的铁路集装箱管理、票据管理及资金清算等信息系统,基本上以铁路内部生产管理为对象,尚未与货主、货代、港航、物流等相关企业实现数字化共享,信息采集、信息追踪查询、电子支付单证等对外服务功能不健全,智能化水平较低,制约了铁路集装箱智慧物流发展。五是很大部分内陆集装箱货场不具备海关监管条件,增加联运成本。

(二)铁路专用线建设推进存在困难

近几年,铁路专用线建设有所加快,但与预期相比仍有不小差距,部分地区年运量150万吨以上的大型工矿园区、新建物流园区接入比例未达到80%的目标要求,并且部分已投入运营的铁路专用线存在运量不足、利用率不高甚至闲置状况。截至2020年底,铁路共有专用线8843条,长约3万公里,接近1/3的专用线处于闲置状态。影响铁路专用线发展的深层次原因,主要有以下几方面:

一是专用线规划缺乏统筹。铁路专用线尚未统筹布局。部分工业园区、物流园区、大型工矿企业规划建设过程中未同步规划铁路专用线，导致部分地区铁路专用线重复建设、利用率不高，部分园区、工矿企业未接入铁路专用线。部分年货运量150万吨以上的大型工矿企业和新建物流园区由于长距离运输需求不足，没有建设专用线的需求。另外，部分工矿企业和物流园区可以利用周边铁路集运系统解决外运问题，不需要建设接入铁路专用线。

二是专用线投融资困难。第一，铁路专用线项目投资大，投资回收期长。建设资金以企业投资为主，项目建设期存在接轨问题，投运后受制于运输计划，既不能保证足够运量，在取送车、运维等方面还存在很多不确定因素，投资者难以建立理性市场预期。第二，铁路运输成本优势难以有效发挥。铁路难以提供"门到门"服务，再加上两端的装卸、短驳等成本，导致物流成本"公铁倒挂"，直接利用公路外运的综合运输服务价格低于铁路，因此很多企业选择公路倒短，而不愿意修建铁路专用线。第三，在严防地方债务风险的背景下，地方政府出资能力有限，难以对铁路专用线提供相应的财政支持。

三是铁路专用线经营效益差。铁路专用线主要委托铁路企业运营，较高的委托运输费用影响了铁路专用线投资收益。首先，铁路专用线委托运营费用由专用线产权单位分别与铁路企业的机、车、工、电、辆各部门进行逐项核定，导致运维费用较高。其次，运营过程中需要按照铁路企业制定的捆绑加固标准进行维修加固，产生较高的车辆加固、维修等额外成本。

　　四是对铁路专用线的支持政策落实不到位。铁路专用线存在审批程序复杂、建设用地不足、享受税收政策不够等问题。第一，审批程序复杂。铁路专用线初期投资大，有建设需求的企业需预留大量资金用于专用线建设，由于审批周期长，影响了企业的资金流动性，导致企业在等待审批过程中可能放弃建设铁路专用线。第二，建设用地不足。铁路专用线的建设用地没有配备用地指标，占用基本农田、未列入国家重点项目的，相关部门不予批复土地预审等手续，导致项目推进迟缓。第三，投资资金难落实。铁路企业出于控制成本和资金需要，未严格按照要求落实承担改造接轨站及相关设施投资，影响了铁路专用线接轨。另外，在财税等方面也缺乏配套的支持政策。

　　五是铁路专用线收费价格有待进一步规范。相关部门对利用自有铁路专用线，或通过租用、合作等方式获得专用线经营权，为其他货主提供货物运输及物流辅助服务的单位或个人的价格行为提出明确要求。但是，铁路专用线存在收费不规范现象，尤其是对于多家企业共用专用线的情况，存在专用线单位乱收费行为，拉高铁路全程物流成本，造成铁路货源流失。

（三）铁路物流基地建设进程缓慢

　　近年来，铁路集装箱、商品小汽车、冷链等专业化、特色化的白货运量快速增长，已经成为我国铁路货运新的增长点。但是传统铁路货场布局不合理、设施设备不足、信息化智能化程度低，与其他方式融合发展不充分，难以适应现代物流发展要求，亟需加快落实铁路现代物流基地布局规划，推动建设一批铁路现代化物流基地,加快向现代物流转型。此外,随着货场周边城市建成区的快速发展,铁路货场发展空间受到极大限制,城市道路对于货车开行规定的趋于严格也对铁路货场运营造成极大影响。

(四)港口集疏运体系建设滞后,部分港口公路疏港比例仍然较高

2011年以来,特别是"十三五"期间,以主要沿海港口和长江干线港口为重点,推进集疏港铁路建设,铁路进港状况得到明显改善,但集疏港铁路不足,"邻而不接、连而不畅"问题比较突出,与"公转铁"要求、铁水联运有关规划目标相比,差距仍然较大,部分港口大宗货物公路疏港比例仍然较高。截至2020年底,长江经济带区域31个规模以上沿江港口接入铁路的仅有12个。

一是我国港口进港铁路多为几十公里,铁水联运开展较好的大连港、营口港分别约200公里和约100公里,远低于美国洛杉矶港(约180公里)、德国汉堡港(约350公里)和不来梅港(约230公里)等港口。二是铁路与港口的建设协同性差,港站设施缺乏衔接,港区铁路装卸场站及相关设施不配套,"最后一公里"断点堵点多,部分港口必须依靠公路短驳才能完成码头堆场和铁路站场的转运,也是影响铁水联运的一个"老大难"问题。三是部分港口功能有待进一步完善。内陆港作为港口功能的延伸区,随着功能逐步完善,能够进一步搭建起联通内陆与港口的物流大通道,但是部分内陆港在海关通关、查验、放行及船公司内陆还箱等方面有待进一步提升。另外,一些港口的装卸线长度过短,并且难以实现班列整列到发,增加了非装卸作业时间。

二、铁路现行体制机制制约铁路多式联运发展

(一)缺乏提供全程铁路物流服务的铁路集装箱运输主体

我国铁路早在20世纪50年代就有了集装箱运输,起步很早但发展缓慢,根子就在于体制。从1955年至今的60多年间,铁路集装箱运输体制经历了多次调整,主要有:一是1994年之前,以"条条"管理为主,铁道部运输局负责全路集装箱运输管理工作,铁路局货运处、铁路分局和站段的运输科负责集装箱办理业务,其中1978—1994年间,铁道部、铁路局、铁路分局、相关站段均设集装箱专职管理机构并配置专职人员。二是1995—2003年,实行企业化运作。1995年初,撤销铁道部运输局集装箱处,组建具有法人资格的中铁集装箱运输中心。随后铁路局、铁路分局、运量集中的站段也建立各自的集装箱运输中心,进而构成"条块结合"的以各级集装箱运输中心为主体的全国铁路集装箱运输经营管理体系。三是2004—2013年,实行垂直一体化的公司化运作。2003年11月,由中铁集装箱运输中心与各铁路局联合组建中铁集装箱运输有限责任公司(以下简称中铁集装箱公司),各铁路局所在地设分公司,具体办理集装箱运输业务。其中,2004年底,中铁集装箱公司控股中铁铁龙集装箱物流股份有限公司(A股上市公司);2007年初,中铁集装箱公司牵头组建中铁联合国际集装箱有限公司

（中外合资企业），负责投资建设及经营18个枢纽性铁路集装箱中心站。四是2013年至今，实行由铁路局"块块"经营为主的体制。铁路局是集装箱铁路运输承运人，负责集装箱运输的生产组织和经营管理。中铁集装箱公司负责集装箱的采购、维护和租赁，以及负责中欧班列的集装箱运输组织和协调。以基层铁路运输企业为承运人的集装箱"块块"运输经营体制，难以适应铁路集装箱运输的特点和需要，必须以系统思维调整完善集装箱运输经营模式。

（二）基层铁路运输企业缺乏开拓货运市场的积极性

集装箱运输是市场开放度最高的铁路货运经营领域之一，建立以市场为导向、以客户为中心的市场化经营机制至关重要。目前，基层铁路运输企业作为铁路集装箱运输的承运人，由于经营机制转变不到位，很多集装箱办理站都没有市场营销机构，货物流量、流向等基本靠货主或货代提供，拓展集装箱运输的积极性、主动性不高，许多适箱货物仍习惯于整车方式运输。

（三）集装箱运输环节多，衔接与合作不顺畅

集装箱多为跨局直通运输，受基层铁路运输企业"块块"分割影响，难以为客户提供全程运输物流服务；基层铁路运输企业与集装箱公司、货代、大客户等相关主体之间，涉及调度、营销、价格等方面协调，缺乏资源、信息等共享机制；在多式联运上，与公路、港口等运输方式的合作机制不健全，标准规范不统一等。

（四）货运服务理念滞后，货运产品供给不充分

一是货运服务理念滞后。铁路运输企业还没有从"要我运"转换为"我要运"，主动适应市场需求、主动营销意识不强。二是铁路货运产品供给不充分。随着人们生活水平的提高，对高附加值的货物运输需求也不断增加，但铁路货运服务长期定位于中长距离和大宗货物运输，对市场上"多品种、小批量、多批次"的客户需求认识不充分，与其他运输方式的衔接合作薄弱，全程物流运输服务供给能力不组，货运产品供给不充分。三是货运价格体系不完善，货物运到时限不稳定，货运信息不能实现在货主的全程透明公开。

三、多式联运市场主体缺失

多式联运作为至少使用两种不同运输方式的综合运输服务产品，在市场化运作中存在两类市场主体：一类可称之为"签约承运人"，按照直接与客户签订服务合同，提供"点到点"乃至"门到门"全程物流服务。另一类可称为"实际承运人"，是指从事某种专业化运输服务的企业（如铁路、港口、船公司、集卡等），按照与契约承运人的契约，实际完成综合运输过程中某个环节的工作。如图5-1所示，两者关系是契约承运人面对市场客户开发销售铁水联运产品，并通过与实际承运人签订的市场契约组织无缝化、专业化协同生产，进而为客户提供全程物流产品。对客户而言，这种多式联运应是"一次托运、一张单证、一次收费、一次保险"的一站式服务。

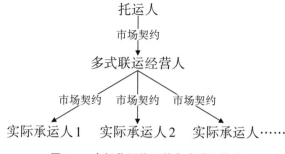

图5-1 市场化运作下的多式联运模式

近年来,港口企业、铁路企业等相关主体在加强多式联运合作、培育多式联运市场主体方面进行了积极尝试。辽港集团与铁路运输企业、民营物流企业合资成立辽宁沈哈红运物流有限公司,统筹利用铁路、海运、港口及管理优势,发展以铁水联运为主要业务的多式联运业务,实现一体化运营;舟山港建立全国首个集装箱无轨站,创新集装箱多式联运组织模式,成功开行国内首条双层集装箱海铁联运班列。我国已有一大批联运代理人,但大多属于货运代理形式,将多式联运经营人视同为货物联运代理人,但多式联运经营人与货运代理人存在本质区别——前者是货物的契约承运人而后者不是,因此多式联运经营人是提供物流服务的市场主体,而联运代理人不是。总的来看,我国铁路多式联运市场体系尚处在建设初期,多式联运市场主体缺失。

(一)多式联运存在地域封锁条块分割

多式联运涉及不同运输方式,我国多式联运领域长期存在着不同部门、不同地域之间的条块分割现象,导致货品在不同运输方式之间转换时时间长、成本高、效率低。不同部门的条块分割主要体现在公路、水运、航空等货运市场已经高度市场化，但是铁路行业相对改革滞后，不同行业之间的体制壁垒阻碍了多式联运的开展。另外，多式联运物流需要跨区域流动。虽然近年来国家出台的促进多式联运发展的相关政策一再强调要打破地区封锁、消灭地方保护等，但是部分地方政府为了维护辖区内物流企业的利益，难以做到对所有的物流企业公平对待，而是利用行政手段、不正当收费、出台特殊政策等方式对外来物流企业设置障碍，人为创造不公平的市场竞争环境，这也是影响现代物流统一大市场形成的一个因素。

（二）缺乏多式联运骨干运输企业

当前，由于我国多式联运市场处于散弱的发展阶段，缺乏真正能够协调各方式、调配各资源、打通各环节的经营主体，组织方式总体落后，全程组织能力效率不高，无法为货主提供满足市场需要的多式联运服务。主要表现为经营主体结构失衡、公路市场极度分散、铁路领域过度垄断、传统航运企业业务单一、第三方中介代理参差不齐、枢纽站场经营企业整合能力有限。例如，我国虽有上万家货运代理企业，但大多数企业规模偏小，组织模式和手段落后，服务水平较低，缺乏具有跨运输方式、全链条整合能力的集约化、规模化运作的多式联运骨干企业有效整合资源，公铁联运、海铁联运等市场主体发展不足，难以实现真正意义上的多式联运。

（三）同一运输链条上不同运输方式之间缺乏衔接协调

同一运输链条上不同运输方式之间的衔接协调，大多是自发、简单的，以"简单协作式"为主，缺乏科学规划和专业组织管理，难以形成有效的衔接和控制；而货主需要利用多种运输方式完成货物运输时，只能通过货运代理甚至自行委托不同的运输企业，很难得到高效便捷、全程可控的"一揽子"运输服务。部分港口集装箱铁水联运大多仍停留在运输分段的简单叠加，运输组织在单证、调度、业务衔接等方面还没能实现有效连接。铁公水空各管一段，多数以"分段承运、分段结算、分段责任、分段保险和协作实施"为主，铁路运单、水运舱单、海关报关单、国检质保单形式各异，无法互认，每次更换一次交通方式都要重新开具运单，运输组织在票据、调度、组织等方面的衔接水平较差，阻碍了多式联运的实现。

四、多式联运协同机制不畅

铁路多式联运既涉及港口、铁路和船公司、集卡、货代等企业，也涉及中央与地方相关政府部门；既涉及企业层面市场化合作，也涉及政府层面统筹协调。目前尽管发了不少文件，也出台了相关政策，但由于交通运输的"大部制"尚未完全到位，铁路系统相对独立且存在"以企代政"等问题，加之中央与地方以及相关部门之间等职责不明确且没有真正能牵头的"权威"部门，涉及多领域协同的综合性措施和政策难落地。2011年，交通运输部与原铁道部印发的《关于加快铁水联运发展的指导意见》(交水发〔2011〕544号)明确提出,到2015年"统一的铁水联运标准化体系基本形成,铁水联运信息化建设取得突破性进展"等目标,之后,有关部门几乎每出一个相关文件都要强调一次这个问题,但目前无论在设施设备"硬件"方面,还是在货物交接、合同运单等"软件"方面,都没能取得实质性进展,既做不到船上货物顺利上铁和铁路货物顺利下水,也难以做到"一票到底"全程物流服务。如果这些问题不解决,既抬高物流成本又影响运输时效,从根本上削弱了铁水联运竞争力,从而把客户推到"公水联运"而形成"铁转公"的不合理替代。

(一)综合交通运输体制改革不到位

一是交通运输大部制改革不到位,分散管理、独立发展的格局没有取得实质性突破。交通管理实际上仍以专业条条管理为主,没有部门对多式联运进行归口统一管理,对多式联运与现代产业布局、产业集群培育、发展空间拓展、技术进步升级等方面的联动考虑不足,多式联运发展困难重重。此外,国内各地区、部门间因存在地方或部门性保护主义思想,难以有效协同和衔接,统一运输市场建设任重道远。二是难以从综合运输体系的高度制订和出台协调的行业政策。由于各运输方式的行业主管部门相互独立,因此多是立足于本行业自身发展制定相关的产业政策,彼此之间缺乏综合协调,难以统筹综合交通运输体系发展而制定有效的综合性产业政策。三是铁路的行业垄断割裂了运输市场的统一性和完整性。由于各种运输方式市场化程度不一,尤其是铁路行业市场化改革滞后,不同运输方式之间协调困难,有的还存在较高的市场壁垒,致使运输市场综合化程度低,运输市场要素流动不畅,制约了市场机制作用发挥,难以建立综合运输市场。

(二)不同运输方式规划衔接不紧密

一是不同运输方式各自为政、缺乏协同,加之建设主体责任不明确,建设时序安排难以协调一致,导致综合交通运输枢纽建设出现困难。二是由于我国不同运输方式联运通道和网络缺乏国家和跨区域层面的统筹规划和有效衔接,各种运输方式基础设施衔接不紧密,铁路入港、入园、入企"最后一公里"短板突出。存在铁路站台与机场、港口相距较远等问题,导致中间转运环节的过程烦琐、费用高昂。三是不同运输方式之间缺乏协同,还容易出现运力投放盲目和重复建设等问题,进而导致各种运输方式之间的无序竞争,影响了运输市场效率。例如,铁路、公路分别规划建设了各自的集装箱基地,无法实现共享,形成了一定的资源浪费。四是我国围绕货运枢纽的周边物流园区存在重复建设、资源浪费严重。《全国物流园区发展规划(2013—2020年)》对全国物流园区布局城市进行了统筹规划,随后,江苏省、四川省、江西省根据《全国物流园区发展规划(2013—2020年)》对各自省份的物流园区也做了规划。但是,物流园区同质化、重复建设问题比较明显,部分园区缺乏科学规划和有效衔接,一定程度上存在盲目建设、缺乏全局性统筹等问题。而且同质化发展造成区域内物流园区恶性竞争,使部分园区面临生存挑战。

(三)多式联运标准规则不统一

各种运输方式在货物品名、品名代码、运输单证格式、计价计费规则、装载加固条件、设施设备标准、危险品名认定等方面存在不一致,且其信息化系统的不兼容性,导致多种运输方式之间难以联通。一是不同的运输方式没有统一单证管理,完成多式联运需在不同的运输方式之间多次录入信息。二是铁路集装箱与海运集装箱不能通用,造成海运集装箱空箱调运成本高,掏箱装箱作业量增加,导致大量海运货物通过公路散装集疏港,影响到多式联运和远洋、内河运输的发展。三是铁路和港口对集装箱货物安全装载和拴固要求等方面的规定不一致,在运输转换过程中必须重新装载,增加了操作环节和成本支出。四是铁路、海运对货类的划分和管理要求不一致,海铁联运时难以进行一一对应。另外,铁路与港口、公路对危险品认定标准不一样,而危险品和普通货物的运输在管理要求上差别很大。五是铁路与海关的管理制度不一致。针对外贸货物(例如冻品等),铁路部门要求在装车前就提供海关检验检疫证明,但对于一体化通关模式,货物运输至内陆通关后才能提供检验检疫证明,导致需协调中心站给予便利通道。另外,对箱内货物审核管理不统一,铁路运输需要对箱体和箱内货物进行拍照并经过铁路部门审核后装车发运,对于外贸集装箱货物,绝大多数情况下货主无法在国外装箱时配合拍照。

(四)跨部门信息共享存在障碍

我国不断加大信息技术在多式联运方面的应用,但由于缺乏统一的信息标准规则,也尚未建立全国统一的不同运输方式之间的公共信息共享服务平台,多式联运信息互联共享机制不健全,铁路、公路、水运、民航等企业信息开放程度不一,不同运输方式之间形成了各自的数据标准,信息传递效率低下。

第六章 国外铁路多式联运
实践及经验借鉴

国外铁路多式联运尤其是集装箱多式联运发展较为迅速,以铁路为骨干的集装箱铁水联运和集装箱公铁联运等多式联运已经成为部分国家新的利润增长点,在促进现代物流发展中起到十分重要的作用。通过系统梳理分析美国、德国、日本的铁路多式联运发展实际,发现各国不断完善多式联运枢纽及集疏运网络建设,培育多元化的多式联运经营主体,完善多式联运设施设备标准体系,不断提升物流信息化水平,并通过投资、用地、税收等相关政策大力支持铁路多式联运发展,对我国发展铁路多式联运有较好的借鉴和启示作用。

一、美国铁路多式联运实践

美国地域辽阔,产业布局具有全国分工式的特征。东北部地区的14个州构成了制造产业带,西南部圣地亚哥—旧金山城市群构成了高新技术产业带,农业和采掘业主要集中在中西部山区。这种区域经济特点产生了大量的运输需求,要求具备良好的长距离运输条件。与之相匹配的,美国拥有世界领先的基础设施网络,由671万公里公路、23万公里铁路、4万公里航道、451万公里油气管道和超过5000个公共机场构成。

(一)货运市场总体情况

1.货运品类

美国的经济依赖于高效的货运系统将商品运输到国内外市场,这些商品包括散装货物,如砾石、煤炭、木材和钢铁,以及集装箱包装的消费品,也包括主要通过管道运输的石油和天然气等能源产品,以及粮食、饲料、水果和牲畜等农产品。

美国交通统计局曾于2017年进行了全国货物流通调查。调查数据显示,砂石、燃料、煤炭、谷物等大宗货物运输量约占美国全社会货运量的67.7%,货物价值约占18.9%;混合货物(主要是食品)、汽车及零部件、电子产品、医药产品等相对高价值货物的货运量占24.2%,货物价值占61.4%(见图6-1和图6-2)。[①]呈现出明显的"二六"特征,即货运量占60%左右的货物价值占20%左右,货物价值占60%左右的货物运量占20%左右。

从货运周转量看,大宗货物仍然居前,占比约为70%,其中煤炭以4830亿吨英里和15.5%的占比遥遥领先(见图6-3)。从货物运距看,美国货物平均运距为679英里,平均运距较长的货物主要集中在各种制品和设备(见图6-4)。

---

① 美国交通统计局开展的全国货物流通调查每五年调查一次。2022年调查还未公布结果,2017年公布的调查数据已是目前最新数据。

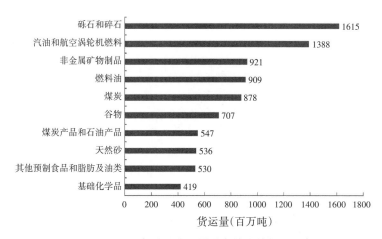

图6-1 2017年美国货运量排名前十的货物品类

资料来源：Bureau of Transportation Statistics。

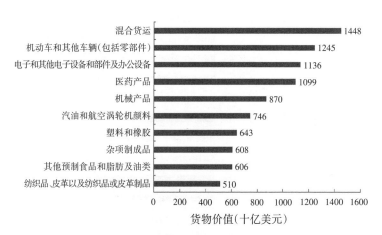

图6-2 2017年美国货运价值排名前十的货物品类

资料来源：Bureau of Transportation Statistics。

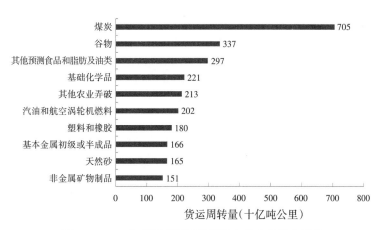

图6-3　2017年美国货运周转量排名前十的货物品类

资料来源：Bureau of Transportation Statistics。

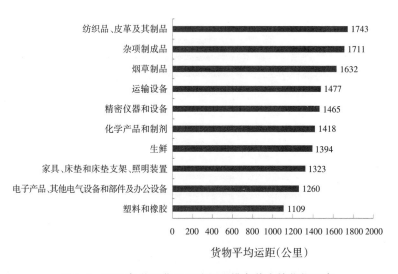

图6-4　2017年美国货运平均运距排名前十的货物品类

资料来源：Bureau of Transportation Statistics。

2.货运方式

美国货运周转量中公路占主体地位,但2000年以来铁路所占比例有所提高,铁路占比最低的年份为2000年,占28.1%;占比最高的年份为2014年,占35.7%(见图6-5)。2020年,美国日均完成货运量约4800万吨,各货运方式结构情况如表6-1、图6-6和图6-7所示。

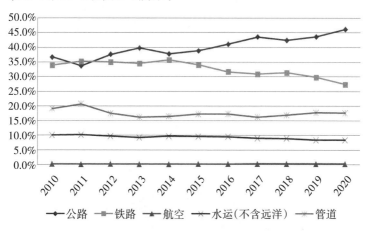

图6-5 美国货运周转量市场份额变化

资料来源:Bureau of Transportation Statistics。

表6-1 2020年美国各运输方式货运结构

项目 运输方式	货运量(百万吨)	货运量占比	货运周转量(百万吨公里)	货运周转量占比
公路	11902	67.9%	3543010	46.2%
铁路	1241	7.1%	2102088	27.4%
航空	12	0.1%	27369	0.4%
水运(不含远洋)	989	5.6%	641218	8.4%
管道	3377	19.3%	1352388	17.6%
总计	17521	100.0%	7666074	100.0%

数据来源:Bureau of Transportation Statistics。

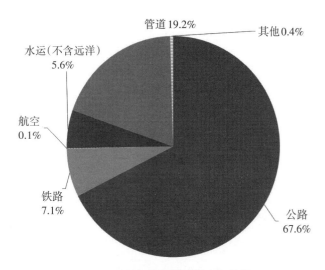

图6-6　2020年美国货运量市场份额

资料来源：Bureau of Transportation Statistics。

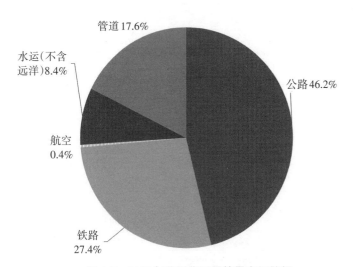

图6-7　2020年美国货运周转量市场份额

资料来源：Bureau of Transportation Statistics。

公路运输占美国货运量的绝大部分,2020年公路货运量占比67.6%(见图6-6)。美国有超过400万英里的公路,包括22万余英里的国家高速公路系统(NHS),对于运输里程低于750英里的货物,公路是其首选的运输方式。美国的长途货运卡车主要集中在连接人口中心、港口、边境口岸和其他主要活动中心的主要路线上,卡车上运载着各种类型货物,包括电子产品等高价值商品,也包括碎石、谷物和汽油等散装商品。自2008年金融危机后至新冠肺炎疫情暴发前,全行业维持逐年递增的增长模式,2020年实现营业收入超过4300亿美元。铁路运输是运输750~2000英里的主要方式。铁路运输各种各样的大宗商品,包括煤炭、化学品和农产品,如今越来越多地用于运输集装箱联运货物。2020年,铁路货运量占7.1%,货运周转量占27.4%的Ⅰ级铁路运输实现收入近700亿美元,整体保持平稳。内河和沿海运输主要承担大宗及农用物资运输,2020年水运货运量占5.6%,货运周转量占8.4%。2020年,美国内河航运行业实现营收近130亿美元,从最近10年的发展趋势来看,行业整体增长趋势较缓,且2020年受新冠肺炎疫情影响,同比下降19.3%。民航主要承担长距离、高价值货物的运输。2020年,美国航空行业实现总营收928亿美元。此外,2022年,管道运输货运量占19.2%,货运周转量占17.6%,主要运输气体、液体能源。

托运人根据货物的可用性、速度和可靠性以及货物的重量、价值和运输的长度来选择不同的运输方式。虽然卡车为大多数多式联运提供"最前一公里"和"最后一公里"的连接,但根据成本、商品、距离、大小、重量和时间要求,通常是多种运输方式联合运输的。

(二)铁路发展改革概况

美国铁路始建于1828年,主要是在自由竞争基础上发展起来的私营铁路。20世纪70年代前,美国政府对铁路运价、准入、并购等方面实行较严格的管制,铁路企业缺乏经营自主权,难以适应市场变化,导致其经营状况逐步恶化,一些企业开始出现财务危机甚至提出破产申请。这种背景下,美国政府启动了以放松运价、并购等经济性管制为主线的铁路改革。

一是剥离公益性的客运业务。1970年,美国通过《铁路客运服务法案》(Rail Passenger Service Act),决定组建联邦政府所属的美国国家铁路客运公司(National Railroad Passenger Corporation of the USA,简称Amtrak),从私人铁路企业的手中接管所有客运业务,通过客货分开把铁路公益性服务交由政府承担,为铁路企业在货运领域开展市场运作创造条件。1971年5月,美国国家铁路客运公司投入运营,至今政府仍向其提供投资和运营补贴。

二是放松经济性监管。1976年,美国通过《铁路振兴和监管改革法案》(4R法案),明确在铁路不存在垄断力的场合取消铁路运价管制,允许不具备市场支配地位的企业有7%的价格浮动权等。1980年,美国通过《斯塔格斯铁路法案》(Staggers Rail Act),在4R法案基础上进一步取消多项铁路管制,特别在价格、退出、并购等方面给予铁路企业足够多的市场化权利,赋予铁路企业定价权,允许铁路企业关闭亏损线路等。

三是改革铁路经济性监管机构。美国铁路市场监管长期由州际商务委员会(ICC)负责,这是全球最早设立的独立监管机构,国会授予其很大的市场监管权力。《斯塔格斯铁路法案》实施后,州际商务委员会的监管权力被极大削弱,并且其独立于政府的独立监管模式也受到普遍质疑,要求对其进行改革。1995年,美国颁布《州际商务委员会终止法案》(ICCTA),将州际商务委员会改组为隶属于美国交通运输部(DOT)的地面运输委员会(STB),作为美国交通运输部内相对独立的机构,履行经济性监管职能。

(三)铁路货运情况

美国铁路实行网运合一、客货分离模式,以货运为主。美国铁路货运市场结构比较复杂,共有560多家铁路企业,包括7家Ⅰ级铁路货运公司、30多家区域性铁路货运公司、约330家地方铁路货运公司和近200家货运铁路枢纽公司。美国铁路客运主要提供公益性运输服务,客运周转量约占全美的0.7%,主要由美国联邦政府所属的美国国家铁路客运公司提供客运服务,该公司运营的铁路里程约3.4万公里,大部分是租用其他铁路公司线路运营。美国货运铁路均为私营铁路,Ⅰ级铁路的行业代表为北美铁道协会(AAR),Ⅱ级铁路和Ⅲ级铁路的行业代表为美国短线与地区铁路协会(ASLRRA)。

专栏五:美国货运铁路分类

1.地面运输委员会(STB)的分类

美国货运铁路按年营业额多少可分为三类,营业额的分类标准是在1991年的基础上根据通货膨胀系数每年进行调整的。

(1)Ⅰ级铁路:年营业额大于4.5亿美元的为Ⅰ级铁路;

(2)Ⅱ级铁路:年营业额在0.36亿~4.5亿美元的为Ⅱ级铁路;

(3)Ⅲ级铁路:年营业额小于0.36亿美元的为Ⅲ级铁路。

2.北美铁道协会的分类

美国货运铁路可分为Ⅰ级铁路、地区铁路和地方铁路三类。

(1)Ⅰ级铁路沿用地面运输委员会的分类,是指年营业额大于4.5亿美元的货运铁路;

(2)地区铁路(Regional Railroads)是指年营业额在0.2亿~4.5亿美元之间且至少运营350英里线路的货运铁路,或者不考虑运营线路长度,但是营业额在0.4亿~4.5亿美元之间的货运铁路;

(3)地方铁路(Local Railroads)是指除Ⅰ级铁路和地区铁路之外的铁路,可以进一步细分为提供本地运输服务的线路、提供本地转运和终端服务的线路,后一类铁路主要为其他铁路同时提供转运和终端服务,或者只提供其中一种。

资料来源:ASLRRA网站。

单位:公里

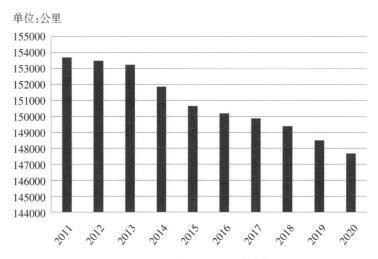

图6-8　2011—2020年美国Ⅰ级铁路营业里程

资料来源:Bureau of Transportation Statistics。

单位:公里

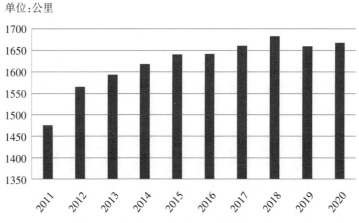

图6-9　2011—2020年美国Ⅰ级铁路平均运距

资料来源:Bureau of Transportation Statistics。

　　Ⅰ级铁路公司在全美范围内负责跨州的大宗长距离运输,不负责短途配送。尽管Ⅰ级铁路只占到铁路总数的2%,但是却运营着全美超过71%的运营线路,平均运程2092公里,占美国货运收入的90%以上。这7家Ⅰ级铁路公司包括:联合太平洋铁路公司(UP)、伯灵顿北方圣太菲铁路公司(BNSF)、切西滨海铁路公司(CSX)、诺福克南方铁路公司(NS)、太平洋铁路公司(GTC)、苏线铁路公司(SOO)、堪萨斯市南方铁路公司(KCS)。其中大干线铁路公司和苏线铁路公司分别是加拿大国家铁路公司(Canadian National)和加拿大太平洋公司(Canadian Pacific)在美国的子公司。上述7家公司中,真正具有支配能力的只有联合太平洋铁路公司、伯灵顿北方圣太菲铁路公司、诺福克南方铁路公司和切西滨海铁路公司四家铁路公司,在中西部和东部形成平行竞争的态势,力量比较均衡。其中,西部铁路网主要由伯灵顿北方圣太菲铁路公司和联合太平洋铁路公司控制,伯灵顿北方圣太菲铁路公司控制中北部区域,联合太平洋铁路公司控制中南部区域;东部铁路网主要由切西滨海铁路公司和诺福克南方铁路公司控制,切西滨海铁路公司控制的区域较大一些。区域铁路公司负责其内部的中短途铁路运输业务,集中精力服务Ⅰ级铁路公司掌控之外、服务不到位、无法获得收益的中短途货源,并且开展配送业务。地方铁路公司主要在其区域内大量开展公铁联运。运输全程的"第一公里"和"最后一公里"问题基本由区域铁路公司和地方铁路公司解决。地区铁路和地方铁路是对Ⅰ级铁路的重要补充,巩固了偏远地区的铁路市场。

Ⅰ级铁路在47个州约9.2万英里线路上运营,而短线铁路在49个州约4.5万英里线路上运营。Ⅰ级铁路公司约占货运铁路里程的68%,雇员的88%,收入的94%。铁路公司每年为每个美国人运送约61吨货物,包括以下主要货物类别:农产品和食品方面,2021年,货运铁路运输160万车(指汽车荷载量carload,下同)食品,160万车谷物和其他农产品。农产品和食品包括小麦、玉米、大豆、动物饲料、啤酒、鸟籽、罐头产品、玉米糖浆、面粉、冷冻鸡、糖、酒和无数其他食品。铁路每年约承担1.57亿吨农产品货运量和30%的农产品货运周转量。化学品方面,2021年,货运铁路运送了220万车的塑料、化肥和其他化学品。煤炭方面,2021年,货运铁路运送了330万车的煤炭。虽然近年来铁路煤炭运输量有所下降,但铁路仍占美国煤炭运输量的70%左右。建筑业方面,在通常情况下,铁路货运每年运送约300万车的建筑相关材料。一节铁路车厢运送的碎石、沙子和砾石的数量相当于五辆卡车。原油方面,在2021年,美国Ⅰ级铁路运送了约23.6万车的原油。机动车和零部件方面,货运铁路在一年中运送180万辆汽车。一列火车可以运载数百辆汽车,货运铁路运输了在美国大约75%的新汽车和轻型卡车。纸张和木材方面,2021年,货运铁路运输了110万车的木材和纸制品。纸和木材包括建造房屋的木材、新闻纸和杂志纸以及包装用的纸板。其中,铁路公司每年还运输数万车的回收纸和纸板。联运方面,2021年,美国铁路联运量为1410万箱,联运占美国主要铁路公司收入的约27%,超过任何其他单一商品。在过去的25年中,它是增长最快的铁路货物类别,并在2021年上半年创造了新的年度运输量记录。其中,约有一半的铁路联运量由进口或出口组成,反映出联运在国际贸易中发挥着重要作用。

(四)铁路多式联运发展总体情况

1.铁路多式联运发展历程

第一阶段:萌芽期。20世纪20年代时,美国铁路公司并没有有效组织零担运输的能力,在第一次世界大战后,美国开始允许货运代理人帮助开展零担运输组织业务,他们利用公路将零担货物集结,通过铁路整批运输,到目的地后再转为公路运输,形成"铁路长线运输+公路集疏运"的模式,但当时还没出现集装箱多式联运,主要是铁路运输半挂车的多式联运方式。这一阶段,部分铁路公司也已经开始集装箱运输(非多式联运),但由于标准不一,发展规模较小。

第二阶段:快速发展期。为了应对第二次世界大战的物资运输,美国开始大量采用集装箱运输方式,在战后这种方式得到快速发展。1956年4月,美国理想X号货船装载着58个集装箱从纽约运输至休斯敦,正式开启了集装箱多式联运的时代,集装箱多式联运的方式开始兴起。一直到20世纪70年代,集装箱运输首次超过半挂车,成为多式联运的主要运输方式。

第三阶段:提升发展期。1977年,美国南太平洋铁路公司(SP)首次尝试将双层集装箱装运的方法应用到美国大陆桥运输中,并为之专门定制了适用于双层集装箱的列车。1984年4月,长滩港开往芝加哥的每周一列的固定双层箱班列开始运输,双层箱运输逐步成为美国铁路集装箱运输的主要方式。

目前,通过双层集装箱班列运输的集装箱占到全部铁路集装箱运量的70%以上。

美国铁路集装箱多式联运的发展使得美国铁路的运输成本不断降低,竞争力得到大大提高。目前,美国集装箱多式联运已占到多式联运总运量的90%左右,铁路运输半挂车的多式联运比例仅占10%。同时,美国铁路的多式联运收入已成为铁路货运最大的收入来源。

2.基本概况

根据北美铁道协会数据显示,2021年,美国铁路运量中,多式联运运量占比可达到1/2,收入达到美国主要铁路公司收入的约27%。从图6-10可以看出,2000年以来,铁路的多式联运收入占比开始爬坡,在2003年首次超过煤炭成为最大收入来源,在金融危机期间有所回落,2009年开始逐步回复,2013年又再次超过煤炭,并且与煤炭收入的差距逐渐拉大。

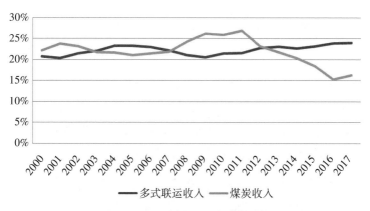

图6-10　2000—2017年多式联运在美国铁路收入的占比情况

资料来源:AAR。

在铁路的多式联运中,集装箱是最主要的方式。不论是总量还是占比,近年来集装箱多式联运一直持续增长(见图6-11)。到2021年,美国铁路联运量的总量达到1410万箱。

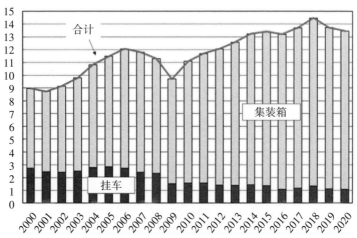

图6-11　美国铁路多式联运运量(百万集装箱或挂车)

资料来源:AAR。

3.典型企业运行情况

美国的7家Ⅰ级铁路公司构成了铁路多式联运的主力军,9万多公里的铁路形成了强大的多式联运铁路网,为开展多式联运奠定了良好的基础条件。7家Ⅰ级铁路公司承担了超过1/3的美国联运货运量,图6-12为2019年美国一级铁路公司多式联运的转运量,其中美国伯灵顿北方圣太菲铁路运输公司(BNSF)于2019年共转运了集装箱(拖车)811.68万车,是世界最大的铁路多式联运承运公司之一。截至2022年8月,伯灵顿北方圣太菲铁路运输公司拥有32500英里的铁路网络,遍及美国的28个州和加拿大的3个省,并拥有机车约7500辆,平均每天发行列车1200列。

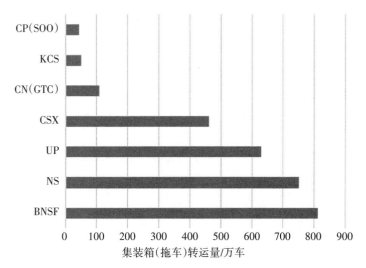

图6-12　美国Ⅰ级铁路公司集装箱(拖车)转运量

资料来源：https://prod.stb.gov/。

早在20世纪80年代,伯灵顿北方圣太菲铁路运输公司开始发展铁路多式联运,并在1989年建立了专门的多式联运部门,负责铁路多式联运业务。为了提供更加高效优质的服务,伯灵顿北方圣太菲铁路运输公司采取了以下行动:一是集中化专业化运营管理。多式联运销售和营销业务由该公司消费品业务副总裁领导,整个公司多式联运的运输业务由运输部门下的一个独立单位集中管理。二是积极建设多式联运中心。伯灵顿北方圣太菲铁路运输公司通过布局建设多式联运中心,扩大多式联运规模。三是采用高效的联运设备。伯灵顿北方圣太菲铁路运输公司的铁路运输主要采用平车装运,根据拖车和集装箱尺寸专门设计和生产的平车易于固定,而且可堆叠集装箱,便于双层集装箱运输。四是与大型物流企业开展深度合作。早在20世纪七八十年代该公司就开始与

J.B.亨特运输服务公司(J.B.Hunt)和美国联合包裹运送服务公司(UPS)建立合作关系,伯灵顿北方圣太菲铁路运输公司负责提供铁路运输和多式联运中心服务,合作伙伴负责提供运量和"前后一公里",合同履约后进行利益清算。

单位:亿美元

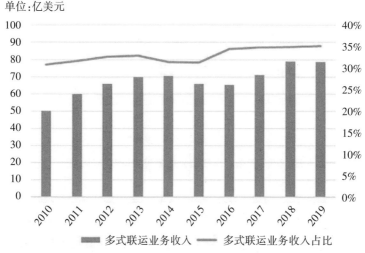

图6-13　伯灵顿北方圣太菲铁路运输公司多式联运业务收入及占比情况
资料来源:BNSF Annual Report。

综合来看,美国铁路集装箱多式联运有以下运行特点:一是提供一体化全程物流服务。美国铁路集装箱多式联运强调全过程无缝运输,通过建立统一的多式联运服务规则、整合链条上各个主体的物流信息、设计满足用户需求的营销方案等方式,为用户提供了全过程、差异化的多式联运物流服务。二是组织班列化快捷运输产品。美国在铁路线上有常态化的固定的集装箱运输班列,既使货物运输时间稳定、运输高效,也有利于营销部门设计物流方案。这些固定班列通常是点对点开行,速度快且稳定,同时和班轮周期也建立了良好的衔接。

除此以外，铁路公司也临时开行一些班列，满足一些特殊情形。三是创新独特的集装箱装备。美国集装箱箱型分成两种体系。海铁多式联运采用20英尺、40英尺和45英尺规格，内陆运输主要采用48英尺、53英尺和60英尺，与国际箱相比，长宽均大一筹，形成了美国内陆的集装箱标准化体系，非常适合美国内陆的长距离规模化运输，大大降低了运营成本。为了运输更高效，美国还采取适于独特集装箱体系的平车运输，建立高度协同的铁路-车辆-集装箱高效运输体系。四是运营管理高度信息化。美国铁路公司对运营管理信息系统的投入很大，约占铁路总投资的7%，高度信息化使其运营效率非常高。铁路货场也建立货场管理系统，设施设备和作业环节全部纳入信息管理。五是实现专业化分工协作。美国的公铁联运实现了高度专业化分工，参与主体包括铁路公司、快递公司、第三方中介机构以及其他专业服务公司，专业化分工使各参与主体可以专注于自身核心业务，大幅提高了公铁联运过程的效率。

（五）政府支持铁路集装箱多式联运的政策及做法

美国铁路集装箱多式联运的快速发展与美国的交通物流政策环境有密不可分的关系，美国政府主动引导和推动多式联运发展，主要政策和制度有以下几个方面：一是放松运输业管制，打破制约瓶颈。20世纪80年代，随着《斯塔格斯铁路法案》《地面货运代理商放松管制法》等一系列法案陆续出台，美国运输业放松管制，极大地促进了运输市场的发展。二是将多式联运作为未来战略方向。1991年，美国颁布《陆地多式联运运输效率法案》（即冰茶法案①），旨在建立各种运输方式无缝衔接的综合运输系统。冰茶法案对多式联运建设提供了大量财政资金支持，并在美国交通运输部设立多式联运办公室。此后，美国还设置了运输安全管理和经营局，主要负责制定国际多式联运政策。三是构建多式联运技术标准体系。《美国联邦运输法典》纳入了多式联运设施设备的技术标准，确保各组织机构间的设施设备标准是统一、可衔接的。四是资金补助多式联运体系建设。

二、德国铁路多式联运实践

德国处于欧洲的中心区域，是欧洲最重要的货物转运地，拥有全欧洲最密集的交通网络。2019年，德国公路总里程达到22.98万公里（除地方道路外），铁路总里程3.84万公里，内河航道0.73万公里，油气管道0.24万公里。

（一）货运市场总体情况

1.货运方式

近年来，德国货运市场保持平稳发展。2010—2021年，货运量年均增长1.1%。其中，航空货运量增速最快（2.4%），其次为公路（1.5%），海运排名第3位（0.4%），内河和管道运输出现下滑（分别为−1.5%和−1.0%）。2021年，德国货运量达到46.07

---

① 因为该法案的缩写ISBEA英文中的冰茶一词谐音，所以人们通常称之为冰茶法案。

亿吨,其中铁路占7.8%,公路占80.0%,内河占4.2%,海运占6.2%,管道占1.7%,航空占0.1%(见图6-14、图6-15)。

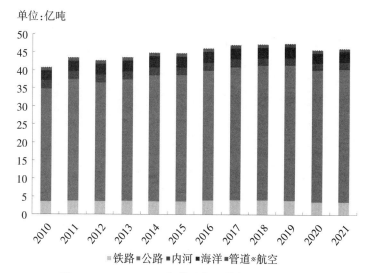

图6-14 2010—2021年德国各运输方式货运量情况

资料来源:Statistisches Bundesamt。

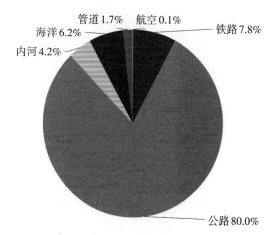

图6-15 2021年德国各运输方式货运量占比情况

资料来源:Statistisches Bundesamt。

单位：亿吨

图6-16 2010—2021年德国各运输方式货运周转量情况

资料来源：Statistisches Bundesamt。

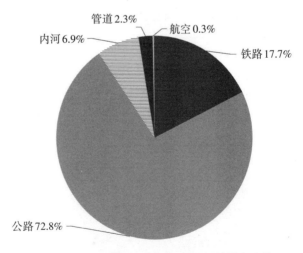

图6-17 2021年德国各交通方式货运周转量占比情况

资料来源：Statistisches Bundesamt。

2010—2021年，货运周转量年均增长0.9%。其中，航空货运周转量增速最快（2.1%），其次为铁路和公路（均为1.3%），管道（-0.3%）和内河出现下滑（-2.3%）（见图6-16）。2021年，德国货运周转量达到6943.92亿吨公里，其中铁路占17.7%，公路占72.8%，内河占6.9%，管道占2.3%，航空占0.3%（见图6-17）。

2.铁路货运

德国铁路货运量占全德货运量的7.8%，货运周转量占17.7%。铁路货运发展总体平稳，2010—2021年货运量年均增速小于0.1%。受新冠肺炎疫情影响，2020年德国铁路货运量出现大幅下滑，2021年开始反弹，货运周转量已恢复到疫情前水平，货运量仍未完全恢复（见图6-18）。

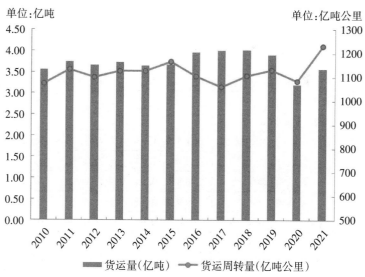

图6-18 2010—2021年德国铁路货运情况

资料来源：Statistisches Bundesamt。

2021年所有铁路运输的货品中,无法辨认的货物(Unidentifiable goods)的货运量和货运周转量占比最高,分别为26.9%和39.9%,其他排名靠前的货品主要为金属、矿石、煤炭等大宗商品(见表6-2)。

表6-2　2021年德国铁路货运量及周转量情况(按货品划分)

货物品类	货运量 (万吨)	货运量 占比	货运周转量 (亿吨公里)	货运周转 量占比
无法辨认的货物	9624.2	26.9%	491.28	39.9%
基本金属、金属制品	5722.5	16.0%	111.66	9.1%
金属矿石和其他开采产品; 矿业产品	5240.8	14.7%	135.59	11.0%
焦炭和精炼石油产品	3615.7	10.1%	96.72	7.9%
化学产品	2550.6	7.1%	80.49	6.5%
煤和褐煤、原油和天然气	2206.7	6.2%	54.77	4.5%
辅助原料	1123.6	3.1%	22.73	1.8%
运输设备	1071.3	3.0%	41.65	3.4%
产品的木材、纸张及纸制品、 印刷品	1056.5	3.0%	55.21	4.5%
农林产品、鱼及渔业产品	1040.3	2.9%	40.05	3.3%
其他非金属矿物产品(玻璃、 水泥、石膏等)	1033	2.9%	25.56	2.1%
用于货物运输的设备和材料	691.5	1.9%	40.27	3.3%
分组产品	394.7	1.1%	20.24	1.6%
食品、饮料、烟草	203.8	0.6%	10.86	0.9%
其他	119.9	0.3%	1.29	0.1%
机器和设备、家用电器	58.8	0.2%	2.16	0.2%
家具、其他制成品	1.5	0%	0.09	0.0%
搬运货物和其他非市场货物	0.5	0%	0.01	0.0%
纺织品及纺织产品、皮革及 皮革制品	0.4	0%	0.03	0.0%

续表

货物品类	货运量 （万吨）	货运量 占比	货运周转量 （亿吨公里）	货运周转 量占比
邮件、包裹	0	0%	0	0.0%
总计	32014.3	100%	1230.67	100.0%

资料来源：Statistisches Bundesamt。

德国多式联运发展迅速。2007年，德国多式联运货运周转量刚刚超过9000万吨公里，到2017年已经达到11.15亿吨公里，10年间年均增速超过28.6%。铁路运输中，多式联运占比达到25%。在多式联运中，集装箱运输是重要的组成部分，根据前述2021年德国铁路运输的货品分类，货运量最大的无法辨认的货物大多是通过集装箱运输的。

此外，由于德国地处欧洲交通的"十字路口"，国际运输占据重要位置。2021年，德国铁路货运量和货运周转量中，分别有35.1%和50.1%为国际运输。

表6-3 2021年德国铁路货运量及周转量情况
（按国内国际运输划分）

	货运量 （万吨）	货运量 占比	货运周转量 （亿吨公里）	货运周转 量占比
国内运输	2.32	64.88%	613.87	49.9%
国际运输（出口）	0.49	13.68%	243.01	19.7%
国际运输（进口）	0.57	16.07%	251.31	20.4%
过境运输	0.19	5.37%	122.48	10.0%
总计	3.57	100.00%	1230.67	100.0%

资料来源：Statistisches Bundesamt。

(二)铁路发展改革概况

德国铁路改革是在两德合并背景下进行的,面临的情况较为复杂。德国作为欧盟国家,同样遵循欧盟(91/440/EEC)指令实行网运分开,但与英国、瑞典相比,德国选择了渐进改革的"中间"道路。主要特色:在国有控股公司模式下实现网运法律分离,内部组建路网以及客运、货运等子公司;同时,推进支线客运属地化,按照市场规则处理政府与市场和网运、客货、干支等关系。然后,再按照顶层设计框架视情况逐步深化改革。

德国铁路最初以私人资本为主投资建设。20世纪初,德国铁路网基本建成,1913年铁路里程达6.1万公里。第一次世界大战时期,德国集中接管铁路实行全德统一指挥,运行4年后,于1920年完成铁路国有化,组建中央政府管辖的国家铁路公司。第二次世界大战后,德国铁路被一分为二,分属西德和东德,各自实行垂直一体化国有独家经营。20世纪50年代后,铁路与公路、民航之间的竞争加剧,市场份额持续下降。以西德为例,尽管在1950—1990年先后进行16次国家铁路内部改革,并废除一些亏损线路,但仍没能扭转铁路颓势,货运市场份额从60%下降到29%,客运从36%下降到6%。同时,经营持续亏损,债务不断攀升,1990年负债约为1970年的3.4倍,达到235亿欧元,累计亏损在300亿欧元左右。面对这种状况,20世纪80年代,西德就开始酝酿铁路市场化改革。两德统一后,结合两德铁路合并统筹研究铁路改革,1992年确定改革的基本思路。随后,按照这一思路确定为期10年的"分步走"改革总体方案,1993年获得通过,1994年启动实施。

一是整合重组国家铁路。计划分三步展开:第一步,先政企分开,组建国有独资的德国联邦铁路公司(DB),内设路网、长途客运、短途客运、货运4个独立核算事业部,实现网运的财务分开。第二步,向国有控股公司模式过渡(主要考虑债务处置等问题),以事业部为基础组建路网、货运、长途客运、短途客运、车站及服务5个全资子公司,实现网运的法律分开。第三步,启动5个子公司股份制改造并首次公开募股(IPO)上市,除要求线路公司必须保持国有绝对控股外,对其他4个公司股份比例均无限制。1994年,德国联邦铁路公司(西德)与德意志铁路公司(东德)合并,组建德国铁路资产局(DB AG),紧接着实行政企分开,剥离德国铁路资产局企业职能,组建德国铁路股份公司,完成第一步改革。1999年,德国铁路股份公司改组为联邦政府所属的国有控股公司,完成第二步改革。对第三步改革,由于存在分歧和经济环境变化,未能按计划启动,到2011年彻底放弃取消该计划(IPO)。尽管如此,德国铁路股份公司深化改革脚步从未停止,通过不断整合优化,形成了路网与服务、旅客运输、货运与物流具有较强竞争力的三大业务板块。特别是在物流上取得重大进展,德国铁路股份公司已成为最著名的全球综合物流服务商之一。

二是地区性短途客运实行属地化。改革后,把德国铁路股份公司客运业务分为两类:一类是营利性业务,所有长途客运都属于此类,由德国铁路股份公司自行负责,政府不提供补贴;另一类是公益性较强的非营利性业务,所有地区性短途客运业务都属于此类,政府负责提供保障。1996年,按照《短途客运地方化法》,德国铁路股份公司将其地区性短途铁路客运业务全部移交给有关地方政府,同时实行两项主要配套政策。首先是设立地区化基金,以燃油税为主要资金来源,主要用于补贴地区性短途铁路客运政策性亏损。德国燃油税由联邦政府集中收取,以转移支付将其中一部分转拨给州政府的地区化基金。其次是开放地区性短途铁路客运市场,地方政府既可通过与铁路运输企业协商方式确定运营商,也可通过公开招标选择运营商。目前约50%的地区性铁路客运服务实行招标,其中约半数由德国铁路股份公司中标。

三是健全完善铁路监管体系。改革后,德国政府的铁路管理职能统由德国联邦交通建设和城市发展部(BMVBS)负责。该部内设铁道司,负责铁路行业立法、制定战略、政府投资等综合管理职能;设立隶属于其管理的联邦铁路局(EBA),负责行业管理和监管职能。此外,该部还设有铁路资产局,负责处理改革遗留问题。

德国目前拥有欧盟最大的铁路网,主体是德国铁路股份公司,营业里程约3.4万公里(含高速铁路约1300公里),每万平方公里约940公里,每万人约4.1公里。此外,德国还有300多家规模较小的地区性铁路公司,营业里程约7200公里,这些铁路线路与干线铁路网相连接,与德国铁路股份公司所管理的铁路共同构成了覆盖全国、分布较为均衡的德国铁路网。

(三)典型铁路多式联运企业发展情况

1.德国铁路股份公司集团基本概况

德国铁路股份公司集团(以下简称德铁)业务网络遍及全

球130多个国家,员工32.3万人,是欧洲最大的铁路运营商和基础设施所有者。经过数次组织架构调整后,目前德铁按照专业分工将集团分成11个子公司,以下介绍几个重要的子公司:

德铁由路网公司(DB Netze Track)负责对基础设施的运营、管理和维护,为各专业运输公司提供列车运行线服务,同时收取相应的路网设备使用费;客运和货运服务由专门的子公司负责。德铁通过"网运分离",使铁路运输服务专业化;超过400家铁路运营商可利用德铁路网,在客货运市场实现充分竞争,激发铁路运营商活力,促进路网资源的最大化利用。

表6-4 德铁集团各子公司及功能定位

子公司名称	功能定位
德铁货运公司 (DB Cargo)	承担长距离的大宗货物运输
德铁信可物流公司 (DB Schenker)	承担陆路、空运、海运、合同物流、供应链管理等综合物流服务,已发展成为全球领先的物流服务商
德铁服务公司 (DB Services)	承担车辆维修、IT通信服务、设施物业管理、车队管理、安保等服务
德铁线路长途运输公司 (DB Bahn Long Distance)	承担国家级和跨境的铁路和公路运输服务
德铁爱瑞发公司 (DB Arriva)	承担德国以外的旅客运输业务,主要业务有公交服务、火车服务、地铁轻轨服务、轮渡服务、应急救援等
德铁线路区域运输公司 (DB Bahn Regional)	承担德国境内的支线运输业务
德铁销售公司 (DB Vertrieb)	承担旅客运输服务的车票销售服务
德铁系统技术公司 (DB Systemtechnik)	承担铁路运输装备的设计、制造、检验、测试、认证等服务

子公司名称	功能定位
德铁车站和服务公司 （DB Netze Stations）	负责旅客车站运营
德铁能源公司 （DB Netze Energy）	负责德铁及外部客户的能源供应、管理及咨询服务
德铁路网公司 （DB Netze Track）	承担铁路基础设施建设维护、车站运行管理等业务

德铁货运公司（DB Cargo）是唯一能在整个欧洲范围内开展业务的铁路货运公司，分支机构遍布欧洲16个国家和地区。2020年实现货运量2.13亿吨、货运周转量786.70亿吨公里，分别约占全德的66.6%和72.6%。德铁打通欧洲大型港口之间的铁路连接，为欧洲多式联运提供新的解决方案。另外，依托德铁货运欧亚有限公司（DB Cargo Eurasia），使得欧洲和我国之间的铁路运输量进一步扩大，推动了中欧班列发展。

德铁信可物流公司（DB Schenker）主要负责运输及物流的运营，是世界领先的国际运输及综合物流服务供应商之一，有7.4万名员工，在130多个国家有2100多个站点，以及全球880万平方米的合同物流仓储面积。2020年，德铁信可物流公司陆地货运发货量1.08亿吨，空运发货量（出口）110万吨，海运发货量（出口）210万标箱，全年总收入176亿欧元，占德铁的44.1%。

2.德铁运行特点

一是采用国际标准集装箱。德国铁路货物运输除小部分散、长、大、笨和回收物品外，基本采用集装箱或集装化方式运输，以减少货物搬运次数、节省运输成本、减少货损和丢失、方便多式联运。为推进集装箱和集装化运输，德铁在铁路、公路、港口等多式联运中使用20英尺或40英尺国际标准集装箱;使用尺寸标准统一的托盘,德国市场流通的托盘约一半属于德铁,其他基本属租赁公司所有,物流企业自购比例低,以租用为主。

二是建立一体化客户服务体系。德铁的管理团队中,许多管理人员来自其他行业而非铁路行业,思维理念更加市场化,也更加重视客户体验。例如,德铁专门成立了客户服务中心,直接面向客户,客户在接受服务过程的事前、事中、事后所遇到的任何问题都可以通过客户服务中心解决,不仅极大提升了用户体验,也通过营销和生产分离,使得资源组织得更加高效。

三是重视铁路物流信息化建设。同美国的铁路公司一样,德铁也高度重视信息化在物流运输业中的应用。除了电子数据交换技术、电子运单管理系统等之外,德铁还应用了感应器技术(智能箱),可以在线监测货物温度和湿度、检测异常情况、设置地理围栏,统计数据和定制报告,以更便捷、更新颖的方式监控全球货运。

(四)欧盟多式联运政策

欧盟交通运输政策演变大致分为四个发展时期。一是1957—1985年,以《罗马条约》为标志的起步阶段,初步提出消除竞争壁垒、支持运输市场自由准入的欧洲共同运输政策,但其间并未取得实质性进展。二是1985—2000年,以1985年《建立欧盟一体化市场》白皮书和1992年《共同运输政策的未来发展》白皮书为标志的运输一体化市场发展阶段,开始放开交通运输市场，注重运输方式之间规划的统筹衔接。三是2001—2010年，以2001年《面向2010年的欧盟交通运输政策：时不我待》白皮书为标志的发展阶段。此阶段的运输政策着重于促进公路运输向铁路和水路运输转移，着力打造多式联运体系，提升公共交通服务，增强全球交通话语权。四是2011年至今，以2011年《构建单一欧洲运输区域的路线图——建立竞争力强、高效节能的交通运输系统》新白皮书为标志的新发展阶段。此阶段的运输政策致力于建成一个富有竞争力和可持续发展的交通系统，并提出减排、多式联运骨干网络、城市综合交通体系等方面的具体发展目标。概括来讲，20世纪欧盟交通以一体化市场政策为主。进入21世纪后，基于环保、降成本、提效率的客观需要，欧盟开始高度重视发展多式联运，出台一系列政策促进公路运输向铁路和水路运输转移。

1.以白皮书发布多式联运发展战略

在2001年发布的白皮书《面向2010年的欧盟交通运输政策：时不待我》中，欧盟重点鼓励发展多式联运，主要内容包括：(1)协调处理运输方式间的竞争；(2)放开铁路货运市场准入，支持铁路振兴发展；(3)注重投资建设铁路与港口、海运航线、内河航线；(4)推进不同运输方式间特别是集装箱运输的运行、技术协调；(5)开展多式联运信息化、马可波罗计划(Marca Pdo Programma)、一体化货运等多式联运项目；(6)按照交通外部成本内部化的原则，改革交通税制，引导市场选择环保交通方式。具体措施方面，提高公路运输在税收、路桥费、燃油费等方面的收费标准，其增收用于资助环保交通运输方式。

2011年，欧盟发布的白皮书《构建单一欧洲运输区域的路线图——建立竞争力强、高效节能的交通运输系统》进一步强调发展多式联运，主要内容包括：基础设施方面，按照跨欧交通运输网络项目的要求构建城市间的多式联运骨干网络。计划到2030年将欧洲高铁里程增至当前的3倍，2050年完成欧洲高速铁路网建设；计划到2050年将所有核心枢纽机场与铁路，特别是高速铁路连接；确保主要海港与内河水运和铁路系统无缝接驳。运输链条方面，引导使用能源效率更高的交通方式，优化运输服务链条，计划到2030年实现300公里以上的公路货运有3成改为铁路和水路运输，到2050年实现一半改为铁路和水路运输。运行和技术方面，改善交通信息系统，通过应用物流新技术和推行一体化运输服务市场，以便更有效利用交通基础设施，借助"单一窗口"、"一张电子运单"、追踪技术，实现货物实时追踪、提供安全可靠、清洁环保的综合运输服务。计划到2020年建立起欧洲多式联运管理、信息和支付体系。价格机制方面，全面实施"用户付费"和"污染者付费"原则，消除市场扭曲和有害补贴，增加收入，以确保未来交通运输投资。

2.制定行动计划，落实多式联运政策

2007年，欧盟发布《物流运输行动计划》，提出了提升运输效率和支撑多式联运发展的相关措施。在智能交通和电子货运方面，引入了电子货物和网络货物的理念，要求推动物流信息和电子货物的规范化，建设可靠、开放的信息化平台，实现信息交互共享。在效率与可持续发展方面，要求建立系统的指标体系，对物流运输效率、可持续性以及多式联运枢纽的综合绩效进行考评，以引导选用环境友好的交通方式。

3.发布多式联运通用准则指令

1992年,欧盟出台《联合运输指令》(Council Directive 92/106/EEC),并于2006年、2013年对其修订。规定联合运输(combined transport)的水路或铁路运输不低于100公里;要求各国出台扶持政策支持联合运输,降低联合运输准入门槛,满足"联合运输"条件的首末端公路接驳运输可以获得资金补贴和税收优惠。此外,为配合《联合运输指令》,欧盟还出台《重量和尺寸指令》〔Directive(EU)2015/719〕,规范了公路卡车的最大尺寸和最大重量,以便于开展多式联运。

4.跨欧交通网络项目

欧盟的交通设施当前遇到新的发展挑战和困难:欧盟新成员国的基础设施相对落后,而且由于货量增长和基础设施能力不足,葡萄牙、西班牙和东欧国家等在欧洲处于地理外缘的国家干线运输容量严重不足,交通可达性日益恶化。基于以上考虑,从1992年起欧盟推出跨欧交通网络项目,重点解决制约欧盟交通的瓶颈问题,贯通欧洲骨干通道,解决欧洲交通技术标准不统一和发展失衡的问题。

5.马可波罗计划

为支持交通运输方式结构调整,2003年欧洲判定了马可波罗计划,旨在通过资金补助的形式,引导选用更加环保的铁路运输和水路运输,从而缓解公路拥堵、减少环境污染。该项目每年补助约6000万欧元。

(五)政府支持铁路多式联运的政策及做法

一是将多式联运上升为战略高度。德国将其交通运输基础设施发展尤其是多式联运基础设施的发展视为促进增长和保持可持续性经济发展的首要驱动力,制定了国家多式联运战略,要将自身打造为欧洲重要的物流枢纽,并保护其出口导向型经济。该战略涉及以下方面:现代运输和物流基础设施的投资;提高所有运输方式的安全性和效率;通过运输基础设施的最佳结合,挖掘各种运输方式的优势;推动铁路和水路运输以减少道路拥堵,使铁路和水路运输在将来的运量增长中占据更重要的位置;构建节能环保的可持续运输系统;支持良好工作条件、优厚待遇和持续培训,以形成技术精良、生产率高的劳动力队伍。

二是加强多式联运发展规划和实施。德国联邦政府专门设置了联邦货运和物流协调员职位,负责与其他政府部门协调多式联运相关工作,这是一个常设的高级职位,是所有货运和物流事宜的联络协调中心。为实现多式联运基础设施的发展,联邦政府及地区政府的法规、计划和项目均非常注重增加环保型铁路和水路运输在客货运输中的比重。德国政府制定了保持其运输系统的功能性从而保证效率的《2025总体规划》。该总体规划创新点是通过改变最终客户(不仅仅是政府机构、托运人、承运人、物流企业、协会等)的需求,使其参与物流改善。德国联邦政府还重点加强边远地区和中心地区的联系、促进德国国家运输网与泛欧运输网相连接,以建成实现各种运输方式之间无缝衔接的综合一体化运输网络。

三是大力发展铁路物流中心。德国政府高度重视铁路物流中心建设,并采取市场化建设运营方式提升运营管理效益。概括来讲,德国铁路物流中心发展模式主要有以下特征:规划方面,在政府层面实行统筹规划,在用地规模、布局及设计等方面注重提升铁路运输效率,而且特别强调多式联运,德国的铁路物流中心至少具备两种运输方式的联运。投资建设方面,采取PPP模式或私人投资模式,政府给予一定的财政扶持。经营管理方面,德国政府采取参股模式成立非营利性管理公司,为园区入驻企业提供服务,入驻企业实行自主经营,注重铁路企业与入驻企业的协同发展。

四是实行市场化铁路定价机制。为促进竞争,德国政府对铁路行业实施运输与基础设施"网运分离"的模式,以确保第三方铁路运营商不被歧视地使用既有的铁路网,完善具有最大程度的开放性和竞争性的运输市场。

五是政策引导鼓励多式联运发展。为减轻公路货运带来的环境影响,德国政府相继出台了多项政策引导鼓励多式联运发展。例如在特定路段和特定时间禁止公路货运、对特定货车征收高速公路通行费等。

三、日本铁路多式联运实践

日本是一个岛国,总面积37.7万平方公里(略大于德国的35.7167万平方公里),而2021年人口总数为1.26亿人,人口密度是世界平均人口密度的7.5倍。日本人口和经济活动主要集聚在三大都市圈,其显著特点是圈内各城市高度分工合作,但都市圈之间的经济联系却并不紧密,因此,日本物流的平均运距较短,公路和内河货运较铁路更加发达。

(一)货运市场总体情况

1.货运方式

近年来,日本货运发展缓中有降。2019年,日本货运量为47.14亿吨(日本国土交通省暂时没有公布2020年后的数据),较2010年下降1.78亿吨(见图6-19)。日本货运量与德国(2019年时为47.46亿吨)持平,但在货运方式结构上有着明显差异。日本公路运输方式占货运量的91.83%,内河占7.24%,民航占0.02%,铁路占0.84%(2019年德国为8.2%)(见图6-20)。

单位:亿吨

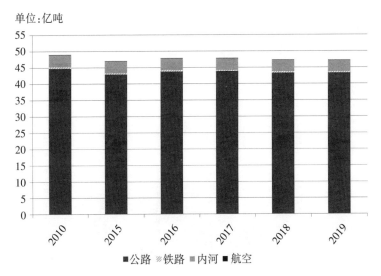

图6-19 近年日本各运输方式货运量情况

资料来源:日本国土交通省《自动车输送统计年报》《铁道输送统计年报》《内航船舶输送统计年报》《航空输送统计年报》《交通关联统计资料集》。

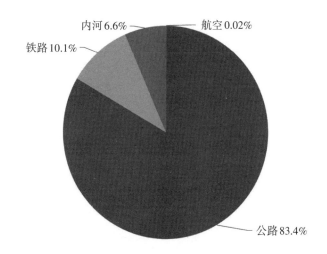

图6-20　2019年日本各运输方式货运量占比情况

资料来源：日本国土交通省《自动车输送统计年报》《铁道输送统计年报》《内航船舶输送统计年报》《航空输送统计年报》《交通关联统计资料集》。

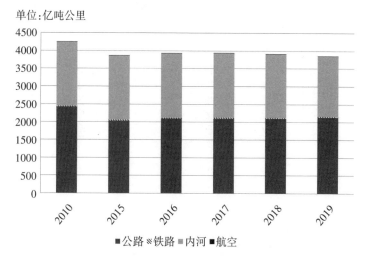

图6-21　近年日本各运输方式货运周转量情况

资料来源：日本国土交通省《自动车输送统计年报》《铁道输送统计年报》《内航船舶输送统计年报》《航空输送统计年报》《交通关联统计资料集》。

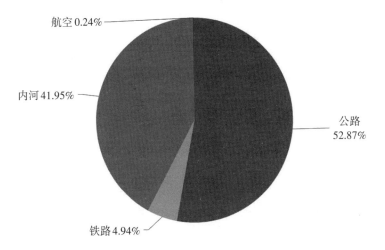

图6-22 2019年日本各运输方式货运周转量占比情况

资料来源：日本国土交通省《自动车输送统计年报》《铁道输送统计年报》《内航船舶输送统计年报》《航空输送统计年报》《交通关联统计资料集》。

从货运周转量看，2019年日本货运周转量总计为4044.34亿吨公里，与德国的6979.42亿吨公里相比，仅约为其3/5（见图6-21）。公路和内河货运周转量占比分别为52.87%和41.96%，铁路货运周转量仅为4.94%（2019年德国为16.2%）（见图6-22）。

2. 铁路货运

日本铁路发展至今已有100多年的历史，铁路货运曾是日本内陆货运的主体，1955年日本铁路货运周转量占全国货运周转总量的52.6%。20世纪60年代后，随着公路、航空运输大幅增长，铁路面临的竞争日益激烈，而同时铁路生产效率低下，铁路运输市场份额逐渐下滑，经营状况不断恶化，日本政府每年需支付巨额财政补贴，1985年日本国铁亏损高达1.85

万亿日元。为解决日本国铁经营效率低下、负债沉重等诸多问题,1987年日本政府对日本国铁进行"客货分离、市场化经营"为主要内容的铁路改革。日本国铁被拆分为6家地区性铁路客运公司(JR东日本、JR西日本、JR东海、JR四国、JR九州、JR北海道)和一家全国性铁路货运公司(日本货物铁道股份有限公司,以下简称JR货物)。JR货物拥有机车、货车、集装箱、货运站等设施设备,向客运公司租赁铁路线路开展运营。JR货物成立时面临资金不足、经营下滑等问题,劳资争议也不断发生,但经过一系列改革发展后,经营状况有所改善,1992年JR货物实现盈利。

从日本铁路货运内部市场结构看,目前日本铁路货运体系由JR货物和21家民营铁道公司组成。功能定位上,JR货物相当于干线铁路公司,运输网络覆盖全日本,民营铁道公司则类似于专用线铁路公司。市场结构上,JR货物的货运量占68.6%,民营铁道占31.4%;JR货物的货运周转量占99.1%,民营铁道仅占0.9%。运输距离上,JR货物的整车运输平均距离为152公里,民营铁道的平均距离为15公里;JR货物的集装箱运输平均距离为872公里,而民营铁道的平均距离为9公里。运输方式上,JR货物以集装箱运输为主;民营铁道基本上都是整车运输,近年来也开始重视发展集装箱运输。

表6-5　2019年日本铁路货运企业构成及货运量

铁路类型	铁道公司列表	集装箱货运量(万吨)	整车货运量(万吨)	总货运量(万吨)
JR货物铁道	日本货物铁道股份有限公司	2071.6	860.7	2932.3

续表

铁路类型	铁道公司列表	集装箱货运量（万吨）	整车货运量（万吨）	总货运量（万吨）
民营铁道	八户、仙台、秋田、鹿岛、福岛、京叶、神奈川、名古屋、衣浦、水岛等临海铁道公司；太平洋煤炭贩卖输送、岩手开发、西武、秩父、相模、岳南、大井川、名古屋、黑部峡、三歧、西浓等铁道公司	278.5	1056.3	1334.8
合计		2350.1	1917.0	4267.1

资料来源：日本国土交通省《铁道统计年报》。

从2011年开始，日本铁路集装箱运输进入平稳增长阶段，2017年达到顶峰，随后出现下滑（见图6-23）。铁路大宗散货

单位:百万吨

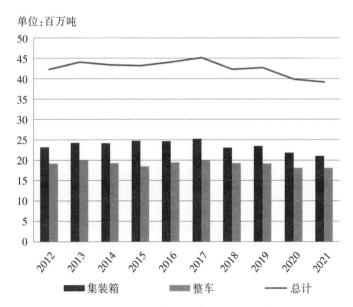

图6-23　2012—2021年日本铁路货运量（按车型划分）

资料来源：日本国土交通省官网。

的整车运输则一直表现不温不火,尤其是货运周转量逐年在下降(见图6-24)。2021年,铁路集装箱货运量约占总货运量的53.8%,铁路集装箱货运周转量约占总货运周转量的91.8%。

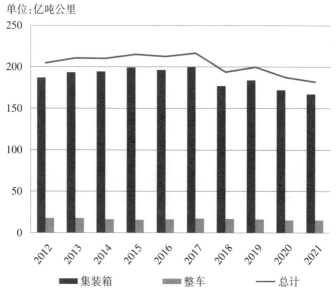

图6-24 2012—2021年日本铁路货运周转量(按车型划分)
资料来源:日本国土交通省官网。

(二)铁路发展改革概况

日本铁路初期(1872年始建)以民间资本为主投资建设。1906年,日本颁布《铁道国有法》,对17家私营铁路公司进行国有化改造,实行政企合一,由铁道省直接管理经营(官厅企业)。1949年,在美国占领军总司令部主导下,日本铁路实行政企分开,撤销铁道省,将铁道省的政府职能划入运输省,同时组建了日本国铁公司(国铁体制)。1987年,日本实行国铁改革,形成延续至今的JR体制。目前,日本铁路基本上是客运,营业里程1.9万公里(其中高铁约2400公里),分属网运合一的6家JR客运公司,客运周转量约占日本全国的30%;一家JR货运公司租用JR客运公司线路运营,运量很小。

第二次世界大战后,日本铁路很快得以复兴,在20世纪50年代的客货运输市场占重要地位。之后,随着公路等运输方式快速发展,加之受日本南北狭长、东西靠海的地理环境和"两头在外"的外向型经济影响,铁路货运逐步减弱,到1980年铁路货运市场份额不足5%,进而形成了日本铁路以客运为主的结构。同时,客运领域尽管需求旺盛,但由于传统的国铁体制僵化,冗员过多,经营管理散漫,没能把铁路比较优势转化为市场竞争优势,运营效益逐步恶化。加之在20世纪60年代主要因高铁建设而大规模举债,地方上兴起"我田运动"而要求中央政府加大对本地铁路投入,进一步推高日本国铁负债建设。在多重因素共同作用下,日本国铁财务状况日益恶化,需要越来越多的补贴和举债才能维持正常运营。

问题推动是各国铁路市场化改革的普遍特征,日本尤为明显。日本国铁1964年首次出现300亿日元亏损,1971年出现经营现金流亏损(即不计提折旧仍亏损2342亿日元),滑落到靠外部"输血"维持正常运营的境地。1970—1986年,日本国铁收入年均增长7.1%,成本年均增长9.2%,经营不断恶化,债务加速度地攀升,融资难度增大,财务风险加剧。1985年亏损1.6万亿日元(累计亏损15.5万亿日元),除政府提供约7000亿日元补贴外,还要举债2.5万亿日元(还本1万亿日元,付息1.3万亿日元,补充经营资金2000亿日元)才能维持运营。这样的状况对一般企业来说无疑早就应该破产,而对于日本国铁则意味着财政负担不断加重,维系这种体制也让日本全社会为此付出了沉重代价。经过长时间激烈争论和日本国铁5次较大内部改革失效后,日本对全面改革铁路体制逐步形成了共识,1985年7月确定铁路改革总体方案,1987年4月正式启动实施。

一是分拆重组国铁。按照网运合一的区域公司模式对日本国铁实行分拆重组,主要包括:将客运分拆成两大类,共6家JR公司,本州的三家公司(JR东日本、JR东海、JR西日本)定位于经营性公司,三岛的三家公司(JR九州、JR四国、JR北海道)定位于公益性公司;组建一家全国性货运公司(JR货物),侧重于公益性定位,不拥有线路。设置新干线保有机构,作为政府所属的过渡机构(特殊法人),拥有已建成投运的4条新干线设施(东海道、山阳、东北、上越)产权。组建日本铁路通信公司、日本铁道情报信息公司和日本铁道综合技术研究所三个行业性公共服务平台机构。此外,以原日本国铁总部为基础,设立日本国有铁路清算事业团(简称清算事业团),为政府所属的过渡性机构(特殊法人),负责处理善后事项,重点是在法定期限内处置政府承接的债务、促进冗员再就业等。

二是重组国铁债务。国铁债务重组与资产分割相分离,各自独立进行。资产分割相对简单,按照"资产跟着业务走"的原则,由改革后新组建的机构承接,剩余资产由清算事业团承接。债务重组则比较复杂,按照"统筹认定、合理分摊、分别偿还"的原则进行处置,具体是三岛(九州、四国、北海道)的三个JR客运公司作为公益性企业不承担债务;经营性企业在可承受的范围内(即不妨碍其财政自立)承接债务,剩余债务由清算事业团承接。对清算事业团承接债务的偿还,先依靠国铁资产变现,不足部分由政府"兜底",保障债权人利益不受损害。

三是针对三岛JR公司建立公益性服务补贴机制。具体是设立铁路经营安定基金,经测算确定,该基金总额约1.3万亿日元,其中JR九州3877亿日元、JR四国2812亿日元、JR北海道6822亿日元。运作方式:该基金为三岛JR公司对清算事业团的债权,由清算事业团按照约定利率分10年等额偿还(头两年只付息不还本),所偿还的本金由三岛JR公司自主运作。

四是改革政府铁路投资体制。考虑到新干线项目建设投资需求大,如果由改革后新组建的JR公司承担,必然对其运营造成重大影响。为此,在新干线项目上实行建设与运营分开,先由政府负责投资建设,建成后以租赁、特许等方式移交相关铁路公司运营。改革后,新干线项目由铁路建设公团建设,中央和地方政府大致按2∶1分担建设资金。1991年,撤销新干线保有机构,以其出售新干线所得的部分资金成立铁路整备基金用于新干线建设;1997年,该基金与船舶整备基金合并为运输设施整备基金,2003年,又与铁路建设公团合并为铁路建设·运输设备整备基金(JRTT),负责经政府批准的铁路新干线项目投资建设。

五是推进配套改革。实行运价市场化改革,将政府定价改为认可定价。1997年9月,进一步放松运价管制,允许企业在认可运价上限内自行决定各种票价折扣。放宽业务限制,经运输大臣认可,企业可广泛从事相关业务。此外,JR公司拥有管内调度权,公司之间实行协商调度机制。

目前,按照投资主体划分,日本铁路主要有以下几种:一是JR公司、日本铁道建设公司、帝都高速度交通营团都是特殊法人形式,其中本州三家JR公司及JR九州公司实行了民营化,其他两家仍属国家所有,经营新干线及普速客运铁路;日本铁道建设公司是国家所有,负责建设铁道;帝都高速度交通营团由日本政府、东京市政府和财团(多为铁路业)集资而成,是国家和公共团体所有,负责管理经营东京都和附近的地下铁路。二是地方的一些私营铁路及官民合办的私铁,主要经营一些地方性的支线,其中私营铁路归民间资本所有,官民合办铁路及"第三部门"铁路归民间资本、国家级地方公共团体共同所有,主要是国铁改革期间剥离的地方性支线铁路及一些经营不善的私营铁路。三是公营地铁,主要是地方公共团体所有,经营除帝都高速度交通营团管理的地下铁路以外的城市地铁。

(三)典型铁路多式联运企业发展情况

1.JR货物基本概况

自1987年日本国铁民营化改革以来,JR货物已经发展成为以铁路货运为中心,并在日本全国范围内开展仓储、卡车运输、房地产等事业的企业集团。截至2022年4月,JR货物铁路营业里程7954.6公里,拥有站台241座、机车556辆(其中,电力机车417辆、柴油机车139辆)、集装箱货车7110辆、集装箱6.18万个,日发车414车次(2019年),日行车18.7万公里(2019年)。2021年,JR货物实现货运量2664万吨,年货运周转量177亿吨公里。

目前,JR货物根据货物形态不同,主要开行两类列车:一

类是使用装载各种集装箱的列车进行集装箱运输,主要运载
食品、药品、家电、电子产品等货物,最高运行速度为100公里/
时;第二类是使用专用货物列车的整车运输,主要运输汽油、
石灰石、水泥等大宗货物,最高运行速度为75公里/时。

1987年,日本国铁改革后,JR货物大力开展集装箱运输,
持续提升铁路集装箱运输比重,2021年铁路集装箱货运量占
比已由1987年的25%增至69%,相应整车运输比重则减至
31%(见图6-25)。

2021年,JR货物实现收入1513亿日元,其中集装箱运输收
入占比最高,达到70%,大宗散货运输收入占6%(见图6-26)。
同时,JR货物也借助自身资源,大力拓展非铁路货运收入,以
保障企业可持续健康发展。目前,JR货物的非铁路运输收入
占比已经由1987年的9%增长至2020年的24%。

单位:万吨

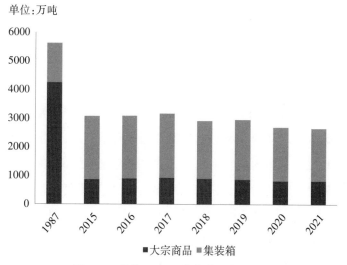

图6-25　历年日本JR货物货运量及构成情况

资料来源:https://www.jrfreight.co.jp。

单位:亿日元

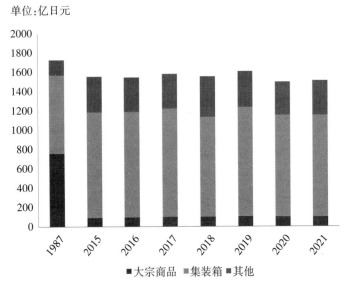

图6-26　历年日本JR货物收入及构成情况

资料来源:https://www.jrfreight.co.jp。

2. JR货物运行特点

JR货物运行主要呈现以下特点:一是使用多种通用集装箱灵活开展多式联运。日本不像美国推广使用越来越大的国内集装箱以利用规模经济效益(包括运输成本和集装箱制造成本方面),也不像德国推广使用标准40英尺集装箱以加强与海运承运人之间的联系。与美国和德国有所不同,日本采用其本土12英尺国内集装箱,既不是高箱集装箱,也不与海运系统相匹配。JR货物主要有12英尺集装箱、20英尺集装箱和31英尺集装箱三种不同规格的集装箱。二是建设以铁路货运为核心的大型物流枢纽。为提升铁路货运经营效益,铁路货运业务需要向规模化、集约化发展,JR货物开始布局发展以铁路货运为核心的大型物流枢纽,集成运输、转运、仓储、包装、装卸搬运、流通加工和信息处理等功能，以便于铁路大站间的直达运输，有利于提升铁路货物运输效率。三是强化共赢合作，专注运输服务。JR货物与地方政府和相关企业广泛合作，合资成立临海铁路、仓储、快递物流、货运代理、资产管理、房地产开发、铁路工程、研究、保险等相关企业，以提升JR货物的综合保障能力和服务水平。四是加强信息化建设，提升管理和服务。JR货物注重从客户需求出发，结合提升自身运营管理效率和降低成本的需要，加强信息化建设。

（四）政府支持铁路多式联运的政策及做法

一是宽松的管制政策促进企业自由竞争。1998年，日本交通运输省（后来重组后成为现在的国土、基础设施、交通和旅游省，简称国土交通省）宣布了其对运输取消管制而改由市场机制进行供需调节。日本政府通过对运输企业进行监督以确保能够提供安全畅通的运输服务，同时根据政策目标对运输企业提供必要的支持，以促进运输企业之间的自由竞争，改善运输服务和实现运输多样化，达到降低运输成本、运输服务更加高效可靠的目的。

二是长期持续地制定规划推进物流发展。日本每四年制定一次《综合物流施策大纲》，引导日本物流业发展。2021年，日本内阁发布《综合物流施策大纲（2021—2025）》，并由国土交通省根据大纲，与相关省厅合作，大力推进相关措施，实现建成"简单、流畅、友好、强大、柔韧"的物流体系：通过推进物流标准化对整个供应链进行彻底优化，形成简单流畅的物流环境；采取措施应对劳动力短缺，推进物流结构改革，打造对从业人员友好的物流环境;通过建立强大、可持续的物流网络,形成柔韧的物流体系。

三是大力推进运输形态优惠政策。日本政府出台了"运输形态转换优惠政策"(类似于中国的"公转铁"政策),计划将铁路、海运的货运量提高到总货运量的50%。目前日本货物多式联运政策重点在于:一是增强各运输方式之间的连通性;二是在既有设施基础上设计和修建新的火车站场;三是通过在城市郊区建立多式联运物流枢纽以减缓交通拥堵、改善可持续性和减少噪音及污染排放;四是改善与港口的衔接,以增加外贸出口。

四、国外铁路多式联运经验启示

(一)将发展铁路集装箱多式联运作为铁路多式联运发展重点

随着高附加值产品运输需求的迅速扩大,国外铁路将集装箱运输作为新的利润增长点,开展以铁路为骨干的集装箱铁水联运和集装箱公铁联运等多式联运,更好地发挥铁路在综合运输体系中的优势,促进现代物流发展。美国90%以上的多式联运是通过集装箱运输的,德国集装箱运输也是多式联运的重要组成部分,日本铁路集装箱货运量、集装箱货运周转量分别占总货运量的55.8%、总货运周转量的92.8%,英国国内多式联运(集装箱)运输占比40.81%。俄罗斯铁路公司自2013年开始在芬兰—俄罗斯、波兰—乌克兰—俄罗斯和拉脱维亚—俄罗斯三条国际铁路货物联运路径开行拖车式集装箱列车,2017年集装箱运量增至388万标箱。其中,集装箱货物进口增长32%,出口增长20%,全年转运量增长58%,外贸和过境运输已成为俄罗斯集装箱运输增长的主要动力。

未来,各国提出进一步发展多式联运,其中集装箱多式联运是重点方向。2020年,俄罗斯铁路公司新开行了多列从俄罗斯发往中国的货运专列,以及往返中国和欧洲间的集装箱列车,将铁路货运集装化作为2030铁路发展战略的一个重点方向,重点市场是外贸和过境集装箱运输,目标定位为成为中欧最大的铁路货运和代理服务商之一。

(二)强化多式联运枢纽及集疏运网络建设

各国都在运输网络中建成了多个多式联运物流中心,形成了多种运输方式衔接、多方企业优势互补的高效物流系统。美国最大的内陆港芝加哥中心点多式联运中心(CIC)围绕伯灵顿北方圣太菲铁路运输公司的铁路多式联运中心建成。德国在规划物流基地时将至少可以实现两种以上运输方式连接,尤其是公路和铁路连接作为主要因素。日本国土交通省一直致力于在港口、铁路货运站发展物流枢纽以发展多式联运,JR货运建设以铁路货运为核心的大型物流枢纽。另外,多式联运物流中心除提供传统装卸仓储服务外,还提供很多增值服务。例如,德铁运营的多式联运物流中心除了提供包装、装卸、仓储服务外,还向原材料采购和生产领域延伸,与通关、商检联合,把铁路物流渗透到生产、流通和消费的全过程。

（三）培育多元化的多式联运经营主体，为客户提供全程物流服务

一是培育了大量多式联运主体，通过专业化分工协作提供全程联运服务。美国有四万多家多式联运企业，包括铁路公司、快递公司、第三方中介机构以及其他专业服务公司，美国整合链条上各个主体的物流信息、设计满足用户需求的营销方案等手段，为用户提供全过程、差异化的多式联运物流服务。

二是铁路企业与大型物流企业开展深度合作。美国伯灵顿北方圣太菲铁路运输公司与JB亨特运输服务公司和美国联合包裹运送服务公司开展合同优势互补，伯灵顿北方圣太菲铁路运输公司负责提供铁路运输和多式联运中心服务，JB亨特运输服务公司主要提供集装箱拖车服务，以及铁路两端接驳等"前后一公里"服务以及运量等市场营销支持。JR货运通过与社会物流企业强强联合，以实现货物运输从下单—发运—在途—送达—配送的全流程服务。

三是铁路企业延伸产业链，向综合物流服务商转型。德国、法国通过资本运营、合资合作提供门到门服务。法国国家铁路公司通过投资设立子公司或参股其他企业的方式开展公路运输或其他经营业务，延伸自己的产业价值链，已经成为法国最大的公路货运公司。在此基础上法国国家铁路公司开展公铁联运，提供全程一站式物流服务。德铁以提供多式联运、全过程服务为核心竞争力，通过卡车运输为客户提供门到门的取送货服务；通过收购荷兰铁路、丹麦铁路、物流巨头施廷内斯

和伯灵顿环球等企业,成为全球第二大运输物流集团,为全球托运人提供陆运、海运和航空运输服务及综合物流解决方案。

(四)完善多式联运设施设备标准体系

一是完善技术标准体系,促进不同运输方式之间方便转运。美国对涉 COFC/TOFC、滚装运输以及标准化运载单元等都规定了详细的技术标准;欧盟将推进不同运输方式间特别是集装箱运输的运行、技术协调作为鼓励发展多式联运的重要内容,于 2015 年配合《联合运输指令》出台了《重量和尺寸指令》〔Directive(EU)2015/719〕,规范公路卡车的最大尺寸和最大重量,以便于开展多式联运。

二是统一集装箱规格设计标准,减少转运成本。各国根据自身情况和联运需求统一了各国的集装箱规格,美国大力开展双层集装箱铁路运输,主要使用 ISO 标准集装箱及主要应用于陆路运输的 48 英尺和 53 英尺标准化集装箱;德国采用的是 20 英尺或 40 英尺国际标准集装箱,以便于国际运输;日本 JR 货运铁路为大力开展铁路集装箱运输和多式联运,统一了日本全国集装箱技术和规格标准(12 英尺、20 英尺和 31 英尺)。

(五)高度重视物流信息化建设,提高物流服务水平

各国铁路企业在信息技术方面投入了大量资金,利用信息技术将它们和它们的客户以及合作方连接起来,使得相互之间大部分业务通过电子化完成,并且实现货运实时信息可查询、分析和处理,大大提高了用户体验和运营效率。美国 I

级铁路公司对铁路运营管理自动化系统的投资约占铁路总投资的7%,所有Ⅰ级铁路公司都开通了诸如服务预约、物流追踪、运价查询、运费支付等网上服务;德铁高度重视现代信息技术在物流产业中的推广与应用,将信息服务作为物流标准化的服务内容,建立快速信息交互仓储体系,使德铁能够提供从订单—运输—仓储—配送的全流程物流服务。JR货物利用信息技术对各项物流资源进行整合,提高机车等设施设备使用效率,为客户提供集装箱追踪服务。

(六)政府出台政策促进以铁路为骨干的多式联运发展

一是出台交通运输结构调整政策促进公转铁。德国政府相继出台了多项政策引导鼓励多式联运,2021年开始征收10欧元/吨的二氧化碳排放税,使得每升汽油和柴油价格上涨3欧分,2025年这一税费将升至35欧元/吨,2026年后税费将升至35~60欧元/吨。日本政府于2013年颁布《交通政策基本法》,提出要促进货物运输向铁路和船舶转移,促进物流效率化,并积极推进货主与物流业等相关企业合作,实施运输转型经费补助,上限为500万日元。除此之外,日本政府还出台了"运输形态转换优惠政策"计划将铁路、海运的货运量提高到总货运量的50%,重点包括:增强各运输方式之间的连通性、建立多式联运物流枢纽等。

二是对多式联运基础设施给予投资补助。2020年9月,法国宣布一项1000亿欧元的经济复苏计划,向铁路投资47亿欧元,占对交通运输投资的41%,在货运基础设施建设方面重点支持激活直达工厂、粮仓等生产基地的货运"毛细血管"。美国联邦政府和州政府给予多式联运枢纽、联运设施设备等财政资金支持。德国在政府层面统一规划物流中心建设，采取PPP模式或私人投资模式，并给予一定的财政扶持。

三是给予多式联运企业定价权限，实现多式联运定价市场化。德国联邦政府放宽铁路的运价定价权，由德铁按照运送货物的实际重量和运距自主灵活定价，以更好地满足市场及客户需求，促进物流运价的市场化。美国不断放松铁路的经济性管制，允许企业考虑商品类别、货物载重、运输距离等成本影响因素自主调整运价，同客户协议签署运输合同，逐步形成了以行业竞争与服务需求为导向的灵活运价体系。

第七章 促进我国铁路多式联运发展的政策建议

"十四五"时期,为贯彻落实党中央、国务院关于碳达峰碳中和的战略部署,需以交通运输供给侧结构性改革为主线,破除制约铁路多式联运发展的体制机制障碍,完善铁路多式联运基础设施网络、提升基础设施承载能力,深化铁路货运市场化改革、构建公平竞争的市场环境,培育以铁路为骨干的多式联运市场经营主体、创新多式联运市场运营模式,完善铁路多式联运协同机制,加强政府政策引导和支持,通过体制改革和市场建设双管齐下,打通堵点、补齐短板、畅通循环,基本形成大宗货物及集装箱中长距离运输以铁路和水路为主的发展格局,更好地服务现代流通体系建设,为实现碳达峰碳中和目标作出积极贡献。

一、合理规划布局,加快补齐铁路多式联运基础设施短板

(一)补齐铁路集装箱运输物流设施设备

一是实行分类投资建设,鼓励社会资本投资铁路集装箱

运输物流设施设备。改革铁路集装箱领域投融资建设体制，中铁集装箱运输有限责任公司负责中心站投资建设，吸引地方政府及物流企业等社会资本投资建设专办站、办理站等集装箱运输物流设施。铁路集装箱运输车辆、集装箱箱体等专用移动装备，主要由中铁集装箱公司负责购置、维护和配置使用。鼓励社会资本自己购买集装箱上铁路网运营。

二是完善集装箱基础设施布局。加快建设尚未建成的5个规划内集装箱中心站，推进专办站规划布局建设，贴近市场加密办理站，形成以18个中心站为核心的"中心站—专办站—办理站"三级铁路集装箱运输物流网络节点和服务网点，依托覆盖全国、连接国际、干支衔接、点线配套的铁路线网，加快建成完善发达的"门到门"铁路集装箱运输物流基础设施网络。

三是推进集装箱设施装备现代化。采用先进的门吊、门禁等技术装备，对铁路集装箱装卸系统、门禁系统等进行技术升级改造，推进场站设施现代化。协同开发铁路集装箱专用车辆和箱体，促进车、箱装备配套均衡发展，提高市场适应性。

(二)加快推进铁路专用线建设

一是合理规划专用线布局，提高铁路专用线利用率。合理布局新建铁路专用线，适应经济发展、产业布局要求，结合铁路干线通道、物流园区、大型工矿区、港口、物流基地等实际情况，由各省相关部门梳理铁路专用线需求，编制铁路专用线布局规划。建立专用线项目动态调整机制，对于年运量150万吨以上的大型工矿企业和物流园区专用线接入比例未达到80%以上的，进一步分析建设专用线的必要性和可行性；对于因产业政策或者市场原因不具备建设条件的项目进行及时调整。盘活铁路专用线存量资源,系统梳理闲置、利用率低、运能不足的铁路专用线,合理分析市场需求和运量提升可能性,积极盘活具有市场前景的铁路专用线,合理清退没有市场前景的已建未用以及运量小亏损严重的铁路专用线。

二是创新投融资模式,拓展铁路专用线投融资渠道。鼓励铁路干线、港口、煤矿企业等运输链条的上下游企业通过资产重组、合资合作等形式组建多式联运企业,投资建设铁路专用线。鼓励铁路专用线共建共享共用,逐步实现铁路专用线功能由"为企业服务"向"为社会服务"转变,对于有共同运输需求的可采取共建的方式修建铁路专用线,合理设计利益共享和风险分摊机制。继续探索政府和社会资本合作的建设模式,坚持"谁投资谁收益"原则,鼓励社会投资者以独资、控股、参股等直接投资方式参与铁路专用线项目投资建设、运营和开发。

三是优化营商环境,保护投资人合法权益。完善铁路专用线与接轨铁路间的互联互通规则并加强行业监管,保障专用线产权主体合法权益,使得铁路专用线建成以后"接得上,用得起"。规范铁路专用线委托运输,落实铁路专用线产权主体的铁路运营模式选择权,制定规范的铁路专用线委托运输管理办法,合理确定委托运输各项收费标准,实现委托运输费用公开化、透明化。简化铁路专用线审批流程,进一步深化"放管服"改革,精简铁路专用线审批手续,合理压缩铁路专用线项目前期工作周期,提高审批效率。加强对铁路专用线服务收费价格监管。促进规范收费和公平市场竞争,维持铁路运输"前后一公里"合理收费水平,充分发挥铁路运输低成本优势,有效降低全程物流成本。

四是深化铁路货运改革,提升铁路专用线经营效益。推进山西、陕西、内蒙古等煤炭大宗货物运输"公转铁",提升铁路集装箱运输市场份额。简化调整铁路货运价格目录,完善铁路货运价格体系,满足市场多元化、多样化的铁路货运产品需求。创新铁路专用线运营维护模式,鼓励铁路企业采用车、工、电、供一体化生产组织模式,按照委托运营收费标准与铁路专用线产权单位签订"一揽子"服务协议。

五是加大对铁路专用线支持政策的落实力度。尽快落实〔2019〕1445号文件要求,进一步加大中央和地方财政对铁路专用线的资金支持力度,缓解铁路专用线资金压力。进一步优化用地政策,加大铁路专用线用地指标保障力度,对列入国家重点项目的铁路专用线,按照相关部门文件要求予以支持。落实铁路企业对接轨站的改造投资,降低铁路专用线造价,减轻铁路专用线投资主体投资压力。政府相关部门出台严格散煤公路运输管控等方面措施,支持鼓励企业实施"公转铁",提升煤炭等大宗货物铁路运输市场份额。

(三)完善港口铁水联运基础设施

一是完善铁水联运枢纽+节点的网络化布局,使港口铁水联运与中欧班列、西部陆海新通道协同发展。二是完善港口后方铁路通道,打通铁路进港区"最后一公里",推进部分港口后方疏港铁路通道扩能改造,消除"连而不通、通而不畅"现象。加快无轨铁路港场布局,扩大铁水联运组网,完善口岸服务功能。三是推进连接重点客户、大型物流园的铁路专用线建设,推动内陆物流园区陆地港化,实现港站一体化,畅通铁水联运的微循环。四是加快推动铁水联运海关监管中心建设,提高通关贸易服务效率和水平。五是推进航道标准化、系统化治理,提升通道能力,为开展铁水联运创造条件。实施对造船业的提档升级,打造标准化、绿色化、智慧化船舶,提高船舶技术经济性能,优化运力结构,提高运输效率。

(四)推动铁路物流基地转型升级

2020年,国铁集团印发的《铁路物流基地发展规划及2020—2022年建设计划》明确提出,到2025年,规划建成200个左右资源高度集聚、功能集约开放的一、二级铁路物流基地(其中一级34个),覆盖全国主要经济区域和重要的超大城市、特大城市,物流综合服务能力显著增强,物流基地一体化运作、网络化经营、专业化服务能力进一步提高,铁路现代化物流体系基本形成;到2035年,规划建设262个一、二级铁路物流基地(其中一级35个),形成现代化物流体系,铁路物流基地与综合交通运输体系衔接顺畅、协同发展,铁路物流规模化、组织化、网络化、智能化水平全面提升,物流运行效率和效益达到国际先进水平。上述规划建设的262个物流基地,全部覆盖了《国家物流枢纽布局和建设规划》的127个承载城市,有150个以上融入地方物流园区或产业园区,衔接了75个规模以上港口中的42个,涵盖了16个陆上边境口岸城市中的13个。"十四五"期间,优化铁路传统货场布局,整合铁路货场相关物流资源,统一物流基地建设和运营标准,提升设施设备现代化、智能化水平,完善提升铁路货场功能,拓展综合物流服务及新兴增值服务,推进铁路传统货场转型升级。

二、各方协同推动,建立以铁路为骨干的多式联运协同机制

(一)建立健全适应综合交通一体化发展的体制机制

建立由国务院领导同志牵头,相关部门参加的多式联运发展协调机制,统筹研究多式联运发展规划、运力布局、标准制定、政策发布等。进一步整合不同运输方式管理职能,完善交通运输部与发改、财政、自然资源、住建等部门之间的沟通协调,清晰界定中央与地方事权,建立不同运输方式之间、相关管理部门之间以及中央与地方的不同运输方式协同发展机制。强化物流基础设施的规划建设一体协同,加强铁路、水运、港口等运输方式的统筹规划,强化各种运输方式规划与综合交通运输规划、物流发展规划以及国家其他相关规划的衔接与协调,实行多规合一,促进各种运输方式融合发展。深入推进交通行业简政放权,优化营商环境,破除区域壁垒,完善运输价格形成机制,构建统一开放、竞争有序的现代综合交通市场体系。统筹制定综合性的交通运输政策,统筹各运输方式政府性基金的管理使用,政策上允许基金跨运输方式使用,利用车购税资金、中央基建投资等资金统筹推进铁水联运发展。

(二)完善多式联运标准规则制度体系

在交通运输部出台的《货物多式联运术语》等系列标准规范基础上,进一步梳理现行规则标准体系,强化多式联运基础

设施建设、运载工具规格、装载转运设备、货运品名划分等标准化建设，建立与国际规则接轨的多式联运标准规则体系。

一是完善设施设备技术标准，大力研发使用标准化设施设备。标准化设施设备是实现不同运输方式之间便捷、快速转运，降低装卸成本、提升装卸效率的前提。推动进一步建立和细化多式联运枢纽节点布局建设标准。统一铁路、海运集装箱标准，发展敞顶箱和容积大、载重大的内陆箱及特种箱型，推进铁路箱和海运箱共用。铁路企业积极拓展铁路境内外还箱点建设，鼓励船公司在内陆箱源地设置提还箱点，推进铁路和海运还箱点共用，为客户提供多种用箱模式，方便顾客还箱。加快淘汰技术落后、标准不匹配的设施设备，抓紧铁路驮背运输平车、公铁两用挂车、双层集装箱车等快捷、专用车辆的研发应用。大力推广标准托盘、集装袋等标准化设备。

二是加强铁路多式联运票据单证格式、计价规则等标准化建设。不同运输方式票据单证格式的统一，有利于统一多式联运链条上不同运输方式规则、创新多式联运组织方式、提高多式联运效率。加快研究制定多式联运运单格式，采取先试点后推广的方式，试点推动集装箱铁水联运、公铁联运，实现"一单制"，积极引导多式联运经营人建立全程"一次委托"、运单"一单到底"服务方式，推动多式联运"一单制"发展。

三是制定适用于各种运输方式的集装箱装载、危化品认定标准，建立危化品目录。研究制定铁路危化品运输货物品名负面和正面两类清单，在具备安全保障能力的前提下，科学划定禁止铁路运输的危化品负面清单，为推进危化品运输"公转铁"创造条件。加快建设危化品专用线、办理站等设施，研发或引进专用车辆、专用集装箱等铁路危化品运输技术装备，强化安全保障，提升规模化、集约化、专业化运输水平和市场份额。研究制订行业性的铁路危化品运输操作规程及管理规则，并加强监管。加强对公路危化品运输监管，严防公路危化品运输风险，促进危化品运输"公转铁"。

四是将多式联运的绿色发展纳入政策标准体系，逐步建立并完善减碳、低碳运输约束性指标，研究制定推动多式联运发展的碳减排政策，进一步提高铁路电气化率，鼓励使用节能环保船舶，推广使用新能源汽车，逐步构建骨干运输以电气化铁路、节能环保船舶为主，两端公路短倒接驳以新能源汽车为主的公铁水绿色低碳多式联运体系。

专栏六：多式联运"一单制"创新案例

四川自贸区青白江片区位于成都国际铁路港内，是第三批自贸试验区中全国唯一以铁路港为特色的片区。青白江片区探索多式联运"一单制"创新，对建立国际陆路贸易新规则具有深远意义，入选2017年中国自贸区十大改革案例。2013年4月，首班中欧班列（成都）从成都国际铁路港始发，其货物运输时间为海运的1/3，运输成本仅为空运的1/8。成都国际铁路港拥有亚洲最大的铁路集装箱中心站、大弯货站，中心站吞吐量连续多年位居全国第一。2017年4月，四川自贸试验区青白江片区挂牌成立，开展了多项改革创新，包括全国首创集拼集运模式、平行进口汽车海铁联运监管模式,组建港投集团创新路地合作机制。青白江片区内企业成都国际陆港运营公司与中国银行合作,以一批进口平行车作为商品媒介,开出全国首单基于国际铁路联运的多式联运"提单",实现以多式联运"提单"作为质押的信用证结算方式。2018年12月,青白江片区内企业成都自贸通供应链公司与工商银行合作,开出了全国首张以国际铁路联运运单作为信用证议付凭证、以人民币进行结算的国际信用证;陆港运营公司与浙商银行等合作,将多式联运"提单"适用范围从国际铁路联运拓展到海铁、公铁联运领域,服务品类从单一的平行进口汽车拓展到木材、红酒等领域,实现了多产品多通道的"一单到底、全程负责"的物流监管模式。青白江片区依托陆港平台新优势,加快提升贸易便利化水平,推动"一单制"+金融、供应链平台、区块链、内外贸联动等模式落地,扩大班列运费分段结算改革范围和品类,创新基于"一单制"的循环质押融资、跨境电商质押融资,推动"中欧e单通"2.0版系统实现提单签发电子化。其中,"中欧e单通"是工商银行在青白江片区上线的全国首个基于多式联运"一单制"的跨境区块链平台,通过数据的联通和互相验证,为中小企业融资提供贸易物流信息支持。2020年9月,成都国际铁路港签发了首张以成都为核心、连接中欧班列及东向"蓉欧+日韩"海铁联运大通道的跨亚欧大陆桥多式联运提单。通过公、铁、海相结合的多式联运方式,实现了"门到门"运输无缝衔接,实现"一次委托、一口报价、一单到底、一票结算"。

青白江片区开展了中欧班列"一单到底、两段结算"试点。

2019年，成都海关在全国率先开展了"中欧班列（成都）境内段运费不计入完税价格"改革试点。为了更好地发挥自贸改革创新在稳外资、稳外贸中的积极作用，切实为企业减税降负，成都海关2020年以来在"支持中欧班列发展的25条措施"中明确提出积极推进运费机制改革，依法扣减进口货物境内段运费。2020年初，在总结试点经验的基础上，成都海关依据相关法律法规，形成供多方参考的《中欧班列运费分段结算估价管理改革申报指引（试行）》，明确了通过中欧班列（成都）进口的、信用等级为海关一般信用及以上的外贸企业，在规范申报成交方式的基础上，提供符合条件的单证资料向海关报备后，即可申报中欧班列境内段运费不计入货物完税价格。同时，将改革试点范围扩大到所有符合条件的外贸企业，并在2019年开展试点的蒂尔堡、罗兹两条线路基础上，新增纽伦堡、俄罗斯（纸浆）、俄罗斯（菜籽油、精矿）三条线路。自2020年4月，62柜俄罗斯进口锌精矿从青白江片区报关出区，这标志着全国首列参与中欧班列"一单到底、两段结算"运费机制改革专列试点取得成功。宜海供应链公司通过参与此项改革，共节省进口环节税费近4万元。

除此之外，各大港口公司在统一不同运输方式单证体系、推进铁路运单"提单化"、加速单证流转效率等方面持续探索，已初步建立以港口为主体，船公司、金融机构、铁路公司、政府部门相互配合的港口集装箱铁水联运"一单制"体系。青岛港协调船公司、海关等单位，推进内陆港海关监管作业场所建设，并吸引船公司场站进驻，创造条件推广海铁联运"一单制"。2020年12月，川渝两地启动"铁水联运一单制"试点，将两程承运人变为一程承运人,重庆港务物流集团协同成都铁路局、民生轮船股份有限公司开发设计"铁江联运单"(CRC-GTJ001号),成功应用于重庆—南京班列。广西北部湾港国际港务集团有限公司与中国铁路南宁局集团有限公司、北部湾银行等企业合作在西部陆海新通道(广西)多式联运"一单制"综合服务平台上开展了海铁联运"一单制"贸易融资业务。中欧班列(齐鲁号)积极拓展新业态新模式,试点中国国际货运代理协会多式联运提单"一单制"业务、开行冷链专列。

在铁水联运通关方面,不断创新机制,推进通关便利化。为更好地服务西部陆海新通道沿线城市货物快速通关,广西钦州港海关加强与重庆、四川成都、贵州贵阳等沿线海关合作,建立业务协作快速响应机制,通过推行"提前申报""两步申报""两段准入"等通关便利化措施,钦州港西部陆海新通道集装箱口岸进出环节可"船边直提,抵港直装"。2021年全年,钦州港口岸进出口整体通关时间分别为15.15、0.30小时,同比分别压缩28.13%、21.05%。由青岛港集团与郑州铁路局联合开通的郑青班列,是国内首个实现铁水一体化通关的班列。此前,郑州地区货物通过公路、铁路等方式零散运至青岛出海,在郑州铁水联运中心运营后,货物可直接在郑州当地报关出海。为确保中欧班列的畅通,山东胶州海关加强与地方政府及铁路运输相关部门的沟通联系,2021年6月份开始,上合示范区多式联运中心发运的部分中欧班列货物采用转关模式出口,货物的报关、审单、查检、放行等环节全部在胶州海关完成,货物运抵铁路口岸海关后系统自动完成核销放行货物。

资料来源:根据相关网络资料整理。

（三）健全多式联运信息共享机制

一是打造全国统一的多式联运公共信息服务平台。打破不同主体、不同运输方式之间的信息壁垒，逐步推进铁路95306货运平台、港口作业管理系统等相关货运信息数据开放，搭建全国性、地方性多式联运信息服务平台，推进铁路、水运、公路、航空不同运输方式实现物流信息数据交换，实现承运人、车、船、货的数据接入和信息共享，实现跨主体、跨运输方式的信息开放和共享。在此基础上，进一步推动各运输方式间以及与海关、市场监管部门间的信息互联共享。

二是研究制定统一的信息交换相关标准。建立信息化标准体系，积极应用大数据、物联网、云计算、北斗导航等先进技术，加快构建一体化信息集成平台，规范数据在不同运输方式之间的传输交换标准，在保障不同系统之间数据安全的基础上，实现物流信息在铁路内部以及不同运输方式、不同管理部门、不同客户企业间实时、准确传输，大力推进不同运输方式之间的数据交换工作，推动多式联运"一单到底"。整合货源、运输、单据等全方位信息服务，构建多式联运信息服务系统。

三是推动实现铁路多式联运全链条、全过程货物跟踪，为客户提供综合化、全流程信息服务。整合货物运输跟踪管理、票据管理、运输调度、资金清算等信息系统，进一步完善货主、货代、港航、物流等市场营销的信息系统，加强与海关、相关国际联运等机构信息共享交换，实现货物物流信息实时跟踪，提高货物运输透明度。健全完善铁路运输物流电子商务系统，实现业务受理、装载安全、行程跟踪、运价查询、统一运单制作、提单管理等多种在线服务,为客户提供"门到门"全流程、可视化的信息服务,提高铁路运输竞争力。

专栏七:信息技术、智能化手段在多式联运项目中的应用

重庆果园港项目是国家发改委、交通部和重庆市政府重点打造的第三代现代化内河港口,是"一带一路"重要的航运中心和重要载体。为了提高物流效率,重庆果园港投入使用集装箱智能理货系统,无纸化提单、智能闸口、铁水联运信息平台等一系列智能化手段,还实现了路港联合调度,确保铁水联运的快速转运,减少集装箱在港停留时间。郑州国际陆港公司利用5G、区块链等先进信息技术,强化"一单到底、物流全球"运营优势,打造"运贸一体化"中欧班列高质量发展的"郑州模式"。自2013年7月18日开行以来,截至2019年底中欧班列(郑州)累计开行2760班,运输货物重量累计达138.49万吨,货值117.79亿美元。广西钦州港与口岸各部门共同推动铁路集装箱进港通道智能化升级,加快船舶疏港效率,降低海铁联运综合物流成本18%~38%。顺丰多式联运有限公司也投资1亿元研发出"天网"平台,与全国18个铁路局、5个重要港口合作对接,打造多式联运智慧系统。青岛港智能空中轨道集疏运系统实现了港区交通由单一平面向立体互联的突破升级,与传统集装箱运输模式相比,每自然箱可降低能耗50%以上,且该系统占地面积仅为公

路建设的30%,建设成本比原铁路方案节省成本50%以上,有效规避了铁路进港导致港区疏运效率降低和公路运输车辆带来的城市交通拥堵、道路安全等问题。

资料来源:根据相关网络资料整理。

三、深化铁路改革,发挥铁路在多式联运中的骨干作用

(一)理顺管理关系,培育铁路集装箱多式联运主体

理顺铁路企业管理关系,构建铁路集装箱开放竞争的市场格局,促进"公转铁""散改集",提高铁路集装箱运输的占比,加快铁路货运转型升级步伐。

一是理顺铁路集装箱运输管理关系,塑造提供全程铁路物流服务的铁路集装箱承运主体。由于目前铁路集装箱运输的揽货、运输都由各个基层铁路局集团公司负责,而集装箱运输普遍运距较长,需要跨局运输,增加了协调和交易成本。鉴于此,应进一步理顺铁路集装箱运输管理关系,由国铁企业归口统筹协调铁路集装箱运输,面向客户提供集装箱全程物流服务。

二是以中铁集装箱公司为重点,在集装箱领域探索铁路网运分开的实现途径,构建铁路集装箱开放竞争的市场格局。国铁集团负责统筹协调集装箱运输中的网运关系,中铁集装箱公司作为承运人,面向客户提供集装箱全程物流服务,各基层铁路运输企业提供路网服务,通过收取线路使用费、牵引费等取得相应的收入。

三是通过引入特许经营等方式,赋予中铁集装箱公司部分运力资源,由其自主配置使用,依托全国铁路网,强化集装箱运输大通道,完善覆盖全国的铁路集装箱运输网络。

四是制定铁路集装箱在铁路线路运营的准入规则,鼓励社会投资者自购符合标准要求的集装箱,与中铁集装箱公司签订相关协议在铁路网运营。

(二)优化产业组织模式,构建有效竞争的市场格局

从全球范围看,铁路多式联运发展较好的国家基本都在前期通过铁路市场化改革,对原垄断企业实施了分拆重组,形成了适合各自国情、资源禀赋、产业布局等的市场竞争格局,主要模式有两类:一类是以日本为代表的区域公司模式,即维持客运网运一体不变,分拆原垄断企业组建若干客运区域公司,在客运区域公司之间形成间接竞争,货运公司租用客用线路开展经营;另一类是以欧盟为代表的网运分离模式,即将自然垄断(网)与竞争环节(运)分离,营造铁路与公路平等竞争的环境,并在铁路运输环节形成适度竞争格局。

我国铁路长期以来实行网运一体模式,铁路经营主体主要包括国家铁路、合资铁路、地方铁路以及铁路专用线。由于尚未形成有效竞争的市场格局,缺乏公平的运力资源配置机制,影响了铁路在多式联运中发挥骨干运输作用。未来应兼顾处理公益性与经营性关系、构建有效竞争市场、追求规模经济和范围经济等因素,按照“网运分开”方向,优化调整铁路运输企业布局,逐步构建有效竞争的市场格局。同时,进一步深化铁路投融资改革,破除市场准入隐性壁垒,增加对社会资本

的吸引力,提高社会资本投资比重,为各主体营造公平透明的准入环境,促进各主体平等准入、公平竞争。

(三)完善贴近市场需求的货运灵活定价机制

一是进一步清理、规范、简化铁路的各项收费。铁路单位运输成本低于公路,但是由于铁路不能提供门到门运输服务,运输过程中涉及环节多、主体多,存在的各种收费项目也多,导致铁路实际的综合运价水平高于公路。因此,要进一步清理、规范、简化铁路的各项收费项目,明确铁路各项收费的范围和标准,建立收费目录清单,落实明码标价公示制度。

二是建立价格监测体系,明确铁路专用线代运代维收费标准,提高收费透明度。目前已经投入运营的铁路专用线普遍经营效益较差,其中一个重要原因是铁路专用线委托铁路运输企业经营的代运代维费用较高,运营过程中也存在一些缺乏收费标准的收费项目,导致产生一些额外成本。针对上述问题,应加快制定铁路专用线代维费、请车费、取送车费、装卸费等费用标准,相关部门加强对上述收费的监管,提高收费透明度。

三是赋予铁路运输企业更大的定价自主权,建立更加贴近市场需求的货运灵活定价机制。近年来,随着铁路市场化改革的深化,铁路运价市场化改革也在不断推进,铁路货运领域大部分货物实行政府指导价,集装箱、零担各类货物及整车运输的12个货物品类实行市场调节价。未来应进一步缩小铁路领域政府定价和政府指导价的范围,综合考虑客户价值感知以及货品、运距、成本、竞争等因素,实行差别化定价,建立更加贴近市场需求的货运价格动态调整机制,提高铁路多式联运价格的市场竞争力。同时,考虑到基层铁路运输企业更加贴近一线货运市场,应赋予基层铁路运输企业更大的货运调价主动权,有利于企业更好地适应市场,满足随行就市的货物运输需求。

(四)健全市场化经营机制,建立以客户为中心的多式联运市场化营销机制

铁路企业缺乏拓展市场业务的积极性,是影响铁路企业开展多式联运业务的一个主要原因。过去很长一段时间内,铁路运能短缺,存在货运瓶颈制约,铁路运输企业缺乏拓展市场、提升货运市场份额的积极性。随着铁路运能不断提升以及我国经济发展逐渐从高速增长转向高质量增长,铁路货运瓶颈制约基本消除,但是近年来铁路货运在全国货运市场所占份额不高,并且有几年出现不升反降的趋势。

因此,要健全市场化经营机制,增强铁路运输企业积极性,提高铁路多式联运货运营销能力。一是进一步推动铁路股份制改造,建立市场化经营机制,推进"三项制度"改革,强化正向激励,做到"员工能进能出、干部能上能下、收入能增能减",增强微观主体活力,提高铁路多式联运货运营销能力。二是大力开发差异化铁路多式联运产品,持续完善产品系列,推进铁路集装箱多式联运产品标准化,大力推行"散堆货物入箱",积极争取货源。三是逐步完善铁路多式联运货源营销网络,延长多式联运服务"链条",为客户提供全流程、全方位、高质量的服务代理、接送取达、代办运输、仓储配送、物流跟踪等服务,推动货物运输上量,最大程度地发挥铁路多式联运优势。四是促进铁路货运"散改集"。研究制订铁路集装箱运输货物品类负面清单,实行负面清单管理,放宽铁路入箱品类限制。研发应用敞口箱、35吨箱、液体罐箱等新型箱体及配套的车辆、装卸等技术设备,推进大宗货物集装化运输,发展特种集装箱运输,加大对"散改集"政策支持力度。

四、培育市场主体,创新多式联运市场运营模式

(一)培育以铁路为骨干的多式联运经营主体

一是通过资本重组和业务合作,打造铁路多式联运专业化服务商。总结营口沈哈红运模式、宁波舟山港模式、重庆果园港模式等国家多式联运示范工程建设经验,发挥铁路在多式联运中的骨干作用,积极引导和鼓励铁路运输企业与港口、水运、公路、快递物流企业以及大客户以资本融合、资源共享为纽带,开展资本和业务层面的深度合作,打造铁路控股或参股的多式联运专业化服务商,促进单一方式企业向多式联运经营企业转变。鼓励航运、铁路运输企业加快推进跨运输方式的混合所有制改革,大力发展多式联运业务。探索创新多式联运全程组织模式,推进规模化、集约化经营,构建多式联运企业联盟,引导传统货运企业和货运代理企业有序开拓多式联运业务。借鉴国外铁路运输企业与多式联运经营人合作方式和融合模式,拓展铁路多式联运服务链条,从提供单一运输业务向多元化经营转变,提供多元化、多样化的服务产品,逐步提高经营效益。

二是培育多式联运服务代理市场。培育多式联运服务代

理市场,支持有实力的货代、船代、运输企业、物流企业以及报关等中介机构合并重组,强强联合,以拓展多式联运服务链条为中心,组建公铁联运、铁水联运、海铁联运、公水联运等不同形式的合作联盟,从"区间服务"向"全程服务"转变,成为面向货主、一次委托、一单到底、一次收费、全程负责服务模式的主体。培育无车(船)承运人等多式联运经营人,形成一批具有国际竞争力的基于供应链管理服务、提供系统性物流解决方案的综合性和专业性物流服务龙头企业。

(二)优化多式联运运输组织

一是大力发展以集装箱为主的铁路、公路、水运、航空多种组合方式的多式联运。目前铁路集装箱直达班列运输比例偏低,由于运输过程中需要大量的装箱卸箱等中转衔接作业,极大影响了货物送达时效。因此,为提高多式联运的服务质量,增强市场竞争力,铁路应优化集装箱运输组织模式创新,加大多式联运班列开行力度,开发多频次、多样化的班列产品,逐步提升集装箱班列和直达列车比重。

二是依托铁路集装箱运输网点,在周边港口大力发展无轨铁路港场,拓展加密铁水联运布局。推行"班轮+班列"等运输组织,配套两端公路甩挂短驳等服务体系,丰富铁水联运"门到门"一体化服务的产品谱系,适应港站运输无缝对接的需要,优化铁路运力配置使用机制,提高铁水联运整体效率。

三是加强与港航、公路以及物流代理、配送服务等企业合作,增强货源承揽能力,补强接取送达等物流产业链"短板",加快铁路集装箱物流由"点到点"向"门到门"转变,发展供应链管理一体化服务。

四是推动铁路集装箱中心站纳入铁路开放口岸,依托中心站大力发展内陆无水港,与海关等部门加强合作,完善报关、检验检疫等功能,探索实行"直通关"模式。扩大海关统一监管平台和数据管理系统应用范围,将铁路大型场站全部纳入海关监管中心范围,推行异地报关、转关。

五是发挥好中欧班列运输协调委员会、西部陆海新通道班列运输协调委员会的机制化组织平台作用,拓展铁路国际联运通道,丰富和优化国际班列的专用运行线铺划,完善境外经营服务网点布局,提升集装箱国际联运服务品质和品牌影响力。

(三)优化整合促进物流资源集约化使用,创新多式联运新模式、新业态

一是优化整合促进物流资源集约化使用。促进物流园区、铁路物流基地与公路货运枢纽、铁路货运场站、港口码头等协同衔接,促进物流资源集约化使用。推进各港口铁水联运各自为政转向区域分工协作发展,实现区域内货源有效集结、组织。

二是创新集装箱多式联运新模式、新业态。按照现代流通体系要求,促进运输企业与产业链上下游企业融合发展,创新以铁路集装箱为主要内容的多式联运新模式、新业态,拓展增值服务空间,在提供运输、仓储等基础服务的同时,积极开发流通加工、配送、信息处理、口岸服务、金融服务等增值服务;不断提升服务功能水平,打造专业化的综合物流服务提供商,形成以供应链管理为核心的集装箱物流服务体系。

参考文献

[1] 中国物流与采购联合会,中国物流学会.中国物流园区发展报告(2015)[M].北京:中国财富出版社,2015.

[2] 程红梅.互联网+多式联运物流园区发展策略探讨[J].铁道经济研究,2017(06):22-25.

[3] 程楠,荣朝和.美国多式联运规划的制度安排及启示[J].物流技术,2008(06):122-125.

[4] 崔忠亮.我国多式联运市场发展对策研究[J].铁道运输与经济,2017,39(07):62-66.

[5] 戴东生.国外集装箱多式联运政策及经验借鉴[J].交通与港航,2018,5(06):29-32.

[6] 丁金学,樊一江."十三五"我国多式联运发展的主要考虑[J].交通企业管理,2017(04):1-4.

[7] 多式联运分会.目前我国多式联运发展整体形势[J].大陆桥视野,2017(01):34-35.

[8] 高国力,黄征学,张燕.促进"一带一路"与三大区域发展战略对接[J].宏观经济管理,2018(08):15-18.

[9] 耿彦斌.运输结构调整战略下的港口集疏运铁路发展[J].港口科技,2019(12):2-5.

[10] 胡铁钧,刘新.美国多式联运的发展及动因分析[J].交

通运输研究,2016,2(06):13-18.

[11] 户佐安,孙燕,薛锋.基于海铁联运的港口集装箱运输集卡路径选择[J].交通运输工程与信息学报,2020,18(02):68-74.

[12] 黄奇帆.推进中欧班列高质量发展的思考与建议[J].全球化,2021(05):5-13+133.

[13] 姜景玲,汪健.我国多式联运立法现状及对策研究[J].综合运输,2016,38(11):18-20+39.

[14] 颉源.我国铁路专用线集装箱运输管理策略[J].集装箱化.2017,28(09):1-3.

[15] 赖文光.我国集装箱铁水联运发展现状、存在问题及建议[J].中国港口,2019(10):21-25.

[16] 李牧原,罗先立.中国多式联运发展现状及趋势[J].中国远洋海运,2019(03):68-70+11.

[17] 李清泉.美国铁路货运经营特点分析及启示[J].铁道货运,2016,34(08):55-60.

[18] 李云汉,李弨,郑旸.德国多式联运发展与补贴政策的启示[J].铁道运输与经济,2018,40(03):98-102.

[19] 刘冰.日本铁路集装箱运输发展现状及其分析[J].铁道运输与经济,2017,39(03):90-95.

[20] 刘冰,程文毅,诸葛恒英.日本铁路货运发展现状分析[J].铁道货运,2013,31(12):36-39.

[21] 刘秉镰,林坦.国际多式联运发展趋势及我国的对策研究[J].中国流通经济,2009,23(12):17-20.

[22] 刘宇,方雷.政企分开后我国铁路行业改革的困境与

出路[J].改革,2018(07):75-83.

[23] 刘昭然.欧盟多式联运政策对我国发展铁水联运的启示[J].铁道运输与经济,2013,35(05):56-60.

[24] 刘昭然.美国《国家货运战略规划》解读分析[J].中国经贸导刊,2020(20):21-23.

[25] 日本山九株式会社.国际多式联运及其海外业务——交通运输部第29期赴日物流研修班系列报道之五[J].交通世界,2008(10):59-61.

[26] 索沪生.美国海铁联运发展经验对我国的借鉴意义[J].集装箱化,2013,24(06):1-5.

[27] 谭克虎,胡晓辉.美国一级铁路公司UP与快递物流公司Hub的合作研究[J].中国铁路,2021(03):12-21.

[28] 谭克虎,唐琦.BNSF与J.B.Hunt合作模式对我国公铁多式联运的启示[J].中国铁路,2021(07):47-56.

[29] 汤浒,赵坚.考虑组织结构的委托—代理模型研究——以中国铁路运输业为例[J].中国工业经济,2015(04):110-121.

[30] 宛岩.德国低碳型多式联运模式对我国的启示[J].宁波工程学院学报,2013,35(02):23-27.

[31] 汪鸣.我国多式联运现状与发展趋势[J].中国物流与采购,2016(23):92-94.

[32] 王德占,黄枫,侯敬.德国铁路股份公司物流发展研究[J].铁道运输与经济,2016,38(08):81-86.

[33] 王娟,杨勇,孙东泉.我国多式联运枢纽发展分析[J].综合运输,2016,38(10):42-45+54.

[34] 王明文.我国多式联运标准化现状及发展对策研究[J].综合运输,2017,39(06):19-23.

[35] 王蕊,王恰."一带一路"核心区域出口贸易对物流业增长与集聚的作用研究[J].商业经济研究,2021(17):101-104.

[36] 王孝坤,王雷,刘嘉.区域多式联运协同服务信息平台架构建设研究[J].铁道运输与经济,2019,41(06):75-80.

[37] 王旭.美国集装箱多式联运发展的启示与思考[J].铁道运输与经济,2016,38(05):91-94.

[38] 徐广岩.内陆集装箱多式联运经济运距研究[J].铁道运输与经济,2019,41(12):39-44+76.

[39] 许文汉.德国、荷兰发展集装箱多式联运的情况和启示[J].铁道货运,2001(04):34-37.

[40] 许笑平.欧盟运输政策的变迁及启示[J].中国铁路,2007(08):34-38.

[41] 杨晨,韩洁,王忠强.上海港海铁联运发展的若干对策建议[J].交通与港航,2017,4(01):39-43+76.

[42] 佚名.1980年联合国国际货物多式联运公约[J].集装箱化,1998(09):32-33.

[43] 于娟.调整交通运输结构的思路及对策建议[J].中国经贸导刊,2019(22):46-50.

[44] 于娟.物流业进一步降低制度成本的着力点和政策建议[J].宏观经济管理,2018(05):40-45.

[45] 于娟.加快铁路专用线建设 畅通铁路"前后一公里"[J].中国经贸导刊,2022(05):24-26.

[46] 于娟.国外铁路监管实践经验借鉴[J].中国经贸导刊,

2020,(20):55-58.

[47] 曾刚,徐宜青,王秋玉.长江内河港口铁水联运的发展战略及潜在效益探究——以武汉阳逻港为例[J].江苏师范大学学报,2018,44(02):126-134.

[48] 张倩.美国发展多式联运的组织与制度保障[J].合作经济与科技,2013(01):80-82.

[49] 张帅.美、加集装箱多式联运发展经验及启示[J].集装箱化,2009,20(11):6-9.

[50] 张昕竹.论垄断行业改革的理论基础[J].经济社会体制比较,2011(03):66-72.

[51] 庄河.铁路多式联运发展策略研究[J].铁道运输与经济,2021,43(02):1-6.

[52] 2019年海关中青年处级领导干部进修班第九课题组.关于新海关助推"陆海新通道"建设的思考[J].海关与经贸研究,2019,40(05):15-25.

[53] Association of American Railways. Rail intermodal keeps America moving[R] . Washington : Association of American Railways,2016.

[54] European Commission. On the establishment of common rules for certain types of combined transport of goods between Member States,Council Directive 92/106/EEC[R].2013.

[55] European Commission. European transport policy for 2010 : time to decide[R].2001.

[56] European Commission. Roadmap to a Single European Transport Area – Towards a competitive and resource efficient

transport system[R].2011.

[57] European Commission. Laying down for certain road vehicles circulating within the Community the maximum authorised dimensions in national and international traffic and the maximum authorised weights in international traffic, DIRECTIVE（EU）2015/719[R].2015.

[58] Federal Railroad Administration. National Rail Plan Progress Report[R].2010.

[59] Ministry of Land, Infrastructure, Transport and Tourism. White paper on land, infrastructure, transport and tourism in Japan 2015[R].2015.

[60] 中共中央国务院.《交通强国建设纲要》[EB/OL].[2019-09-19]. http://www.gov.cn/xinwen/2019-09/19/content_5431432.htm.

[61] 国家发展和改革委员会.深入贯彻新发展理念 加快构建新发展格局［EB/OL].[2021-05-24]. http://jer.whu.edu.cn/jjgc/4/2021-05-24/5104.html.

[62] 国务院政策例行吹风会.调整交通运输结构提高综合运输效率有关工作情况[EB/OL].[2018-07-02]. https://www.sohu.com/a/239023772_282510.

[63] 交通运输部,铁道部.关于加快铁水联运发展的指导意见[EB/OL].[2011-09-29]. http://www.gov.cn/govweb/gongbao/content/2012/content_2112832.htm.

[64] 陆化普,冯海霞.交通领域实现碳中和的五大关键问题[EB/OL]. [2022-04-07]. http://finance.sina.com.cn/esg/ep/

2022-04-07/doc-imcwipii2819937.shtml.

[65] Vin 投研.煤炭产业全解读,国内煤炭的分布与发展（下）[EB/OL]. [2021-09-27].https://baijiahao.baidu.com/s?id=1712036460047312357&wfr=spider&for=pc.

图索引

表索引